国防专利产权制度效率研究

付瑜 著

国防工业出版社

·北京·

图书在版编目(CIP)数据

国防专利产权制度效率研究 / 付瑜著. —北京：国防工业出版社,2018.4

ISBN 978-7-118-11561-1

Ⅰ.①国… Ⅱ.①付… Ⅲ.①国防科技工业-专利技术-产权制度-效率-研究-中国 Ⅳ.①F426.48-18

中国版本图书馆 CIP 数据核字(2018)第 060979 号

※

国防工业出版社出版发行

(北京市海淀区紫竹院南路 23 号　邮政编码 100048)

三河市德鑫印刷厂印刷

新华书店经售

*

开本 880×1230　1/32　**印张** 6⅜　**字数** 180 千字

2018 年 4 月第 1 版第 1 次印刷　**印数** 1—4000 册　　**定价** 36.00 元

国防书店:(010)88540777　　发行邮购:(010)88540776

发行传真:(010)88540755　　发行业务:(010)88540717

前　　言

随着世界经济全球化进程的加快和科学技术的迅猛发展，作为鼓励和保护创新、促进社会进步和经济发展的国防专利产权制度在经济和社会活动中的地位得到历史性提升。作为国防知识产权核心的国防专利，已经成为国家重要的战略性资源，国防科技和武器装备自主创新的主要目标，国家核心竞争力的重要指标，国际军事技术合作的基础。国防专利产权制度是维护国家安全、鼓励国防科技和武器装备创新的重要制度，是国防科研生产和武器装备管理体制改革的重要机制保障，是促进军队现代化建设发展的有力措施，是加速国防科技工业转型升级的重要手段。

本书以国防专利产权制度效率为研究对象，选择以制度功能为制度效率的分析框架，按照配置、激励、约束、保险四类基本制度功能对国防专利产权制度效率进行研究。重点研究国防专利产权制度的效率损失及其解决办法，目的在于提升国防专利产权制度的效率，完善并充分发挥其制度功能。本书在研究的过程中形成以下结论：

（1）基于对“产权”的理解以及与国防专利权的对比分析，对国防专利产权进行了理论界定。国防专利产权，是基于对国防专利的利用而产生的人们之间相互认可的行为关系，是包涵对国防专利的不同分享方式的一系列权利组成的经济权利束。

（2）根据对制度效率一般测算模型的分析，得出交易成本是衡量制度效率的关键因素，随着制度存在时间的延长，制度的交易成本递增，制度效率递减。国防专利产权制度的交易成本是制度成本与狭义的交易成本的交集，包括组织成本、教育成本和契约成本。

（3）通过分析制度功能与制度效率的辩证关系，构建了基于制度功能的制度效率度量模型。制度效率是制度各种功能综合作用的反映,制度功能是衡量制度效率的一种途径。制度效率分为配置效率、激励效率、约束效率和保险效率四个方面进行研究,每一种功能的效率是该项功能发挥的实际状态与理想状态的比值。

(4) 国防专利产权制度配置的目标是将产权资源合理配置,以实现配置效益的最大化,无限接近于产权配置的帕累托最优。具体细化为两个目标,一是产权资源的“物尽其用”;二是产权流动的及时有效。在配置的过程中应当遵循福利最大化、促进应用和及时转化三项基本原则。

(5) 影响国防专利产权实施配置的因素有国防专利质量和交易主体的交易意愿。可以采取的策略包括建立国防专利质量监督机制,严格审查国防研发项目的立项,坚持国防专利产权的有偿使用。

(6) 影响国防专利产权转化配置的因素有解密速度、信息沟通和转化评估。可以采取的策略包括引入自动解密机制,完善信息沟通机制,构建转化评估机制。

(7) 国防专利产权制度的激励目标是设计一种“可自行实施机制”,能够最大化激励创新者努力持续创新,既满足机制设计者的期望目标,又能够使创新主体本身获得最大化收益。优化产权结构和合理分配利益是激励的途径。

(8) 建立了基于安全与激励的现实产权结构。基于安全与激励,现实的产权结构应当遵循国家安全利益是首要的考虑因素,最大化地让渡权利给创新主体,弥补产权征收的损失,倡导尊重双方约定的意思自由。

(9) 应当赋予职务发明人一系列的权利,包括署名权、申请专利权、奖励报酬权、成果转化权以及优先受让权。国防专利产权可以通过约定授予创新团队;对于报酬应当设置最低比例限额;优先受让权的范围可以类推扩展至技术许可领域。

(10) 国防专利产权制度的约束目标是使行为的实然状态与应然状态相吻合。约束权利行为的影响因素包括基于利益平衡设置的权利限制类别,限制性权利规范的周延度,突破权利限制时的责任。约束义务行为的影响因素包括对违反义务行为惩罚的必然性,责任规范的合理性。

（11）基于利益平衡的考虑，需要对国防专利产权主体的权利进行约束。这种权利约束包括两个方面：一方面，对权利种类、范围、行使方式、时间等事项的规范，这属于一般性约束；另一方面，为了维护国防利益，对产权主体的权利进行必要限制，这属于特殊性约束。

（12）国防专利侵权行为发生时，适用无过错责任原则更加经济高效。举证时，一般采取举证责任倒置。协商解决方式更加符合国防专利纠纷的特点。

（13）降低制度风险是发挥制度保险功能的关键。影响制度保险效率的因素包括立法技术的成熟度和非正式制度与正式制度的匹配度。制度风险分为静态风险和动态风险两类。规避静态制度风险的方法在于提高立法技术，规避动态制度风险的方法在于调整非正式制度。

（14）提出以安全、创新、效率为价值追求，以国防优先、利益平衡、激励创新、促进应用为基本原则的总体思路，以高效利用为目标、激励创新为牵引、约束惩戒为保障、风险规避为手段的主要措施的国防专利产权制度效率提升的路径。

本书对国防专利产权制度效率问题进行了初步探索，但由于作者研究能力以及获取资料的有限，研究的广度还需要进一步拓展，研究的深度还需要进一步挖掘，研究的方法还需要进一步丰富。即便就本书所探讨的问题和逻辑本身而言，仍存在需要进一步研究的问题，具体如下：

（1）本书所构建的制度效率度量模型是对四种制度功能效率的加总，这仅仅为制度效率的评测提供一种思考的方向。但各个制度功能之间相互影响的程度还需要进一步研究。

（2）本书在制度具体功能的效率模型中，仅仅从定性的角度分析了功能效率是功能发挥的实际状态与功能发挥的理想状态的比值。但没有深入地设计测评制度功能发挥程度的系统化、精细化的指标体系。这也是需要进一步研究的问题。

总之，本书仅仅从制度功能的角度分析国防专利产权的制度效率问题，事实上，国防专利产权的制度效率问题非常丰富与复杂。作为一种尝试，本书在提出论点及论证的过程中，难免存在疏漏与不足，敬请各位专家教授批评指正。

目　　录

引　　言

在军民融合发展战略不断深入推进的时代背景下，在国防知识产权战略发展的重要机遇期，作为国防知识产权制度体系的重要组成部分，国防专利产权制度正面临着前所未有的挑战。目前，作为国防科技创新动力源泉的国防专利产权制度并不能够最大化地发挥效能、鼓励创新和促进融合，还存在制度性缺陷。为了更好地维护国家安全，优化国防科技资源的配置，提高科研人员创新的积极性，提升国防科技工业的自主创新能力，必须对现行的国防专利产权制度进行改革和创新，提高国防专利产权制度的效率。

一、研究背景

（一）提升国防科技工业自主创新能力的关键：鼓励国防科技创新

国防科技工业作为国家战略性产业，是国防现代化重要的物质技术基础，是经济社会发展和科技进步的重要推动力量。2015 年国防科技工业工作会议明确了加快建设中国特色先进国防科技工业体系，确立了国防科技工业改革发展的总体目标：建设一个“布局合理、基础稳固、创新高效、自主可控、开放竞争、军民融合、规范治理、充满活力”的中国特色先进国防科技工业体系。《国防科技工业“十三五”规划总体思路》提出，在“十三五”期间，要坚持军民深度融合，努力构建中国特色先进国防科技工业体系，努力推进国防科技工业发展由跟踪研仿向自主创新转变。“十三五”时期，要大力实施创新驱动发展战略，把国防科技工业打造成国家创新高地。国防科技创新是推进科技强军、发展高新武器装备的重要基础，也是增强国防科技工业竞争力、提升国防总体实力的重要动力。国防科技创新不是自发进行的，而是需要依靠国家的政策引导和制度支持。2016年，中共中央、国务院印发《国家创新驱动发展战略纲要》，目的就在于激发创新主体的创新活力和创造潜能，营造有利于科技创新的政策环境和制度环境。

（二）鼓励国防科技创新的途径：完善激励机制，提供制度保障

激励机制是国防科技创新的重要驱动力。国家通过制定多元化的激励政策和措施鼓励国防科技创新，包括增加国防科研经费投入、支持基础理论研究、制定优惠政策、推动科技成果产业化、培养和引进创新人才等。在制度体系方面，为了促进和保护创新，国家相继制定了《专利法》《科学技术进步法》《促进科技成果转化法》《国防专利条例》《国家科研计划项目研究成果知识产权管理的若干规定》《关于加强国防科技工业知识产权工作中的若干意见》等一系列国防科技创新政策法律体系。如果自主创新是国防科技工业的“生命线”，那么知识产权就是自主创新的“压舱石”。国防知识产权是国防科技自主创新和军工核心能力的重要体现。国防知识产权制度赋予了国防科技发明创造者以法定权利，有效地激发了国防科技的创新活力，在关系国家安全的战略性、基础性、前沿性、尖端性的技术领域，形成一大批自主知识产权，从而促进了国防科技工业的转型升级，提高了武器装备的现代化水平，提升了国家的安全保障能力。

（三）审视制度保障的现状：国防专利产权的制度功能未能有效发挥

国防专利是指涉及国防利益以及对国防建设具有潜在作用需要保密的技术发明。作为国防知识产权重要内容的国防专利，已经成为国家重要的战略资源、国防科技和武器装备自主创新的主要目标、国家核心竞争力的关键指标以及国际军事技术合作的重要基础。国防专利产权制度是维护国家安全、激励国防科技创新的重要法律制度，是国防科技生产和国防科技工业转型升级的重要机制保障。然而目前，国防专利产权制度的功能未能得到有效发挥，具体表现为：国防专利产权制度体系不够完善，与国防专利产权制度相关的法律、法规、政策不配套、不和谐，导致在适用法律制度时无法可依、无所适从；国防专利产权制度的激励机制不够健全，权利归属和利益分配不明确，导致国防科技创新者的合法权益得不到合理有效地维护和保障，进而影响其创新的积极

性;国防专利产权制度的实施机制不够健全,强调行政手段而非市场机制来推动实施,未能充分考虑国防专利权人的权益,一些通过自筹资金和非职务发明的国防专利无法实施;国防专利产权制度的转化机制不够健全,国防专利解密工作不够制度化和及时化,再加上我国长期存在重保密轻解密的观念,造成了国防专利没有及时解密,影响了国防专利技术的转化应用。

(四)走出制度困境:提升国防专利产权制度的效率

根据对制度生命轨迹的观察,在制度成立之初,制度与社会环境相对匹配。因为制度是根据当时当地的社会条件和环境制定的,当时的社会问题能够在制度中寻求解决之法。此时的制度功能发挥良好,制度效率相对较高。随着时间的推移,社会的客观环境发生变化,新的社会问题出现,社会各利益主体的关系发生新的变化,原有的制度无法涵盖所有的新情况、新问题,制度功能失灵,制度效率降低,制度陷入了困境。为了走出制度困境,就要进行制度创新,提升制度效率,使制度功能得以最大化地发挥。自2009年国防知识产权战略实施以来,围绕战略目标,各相关行业与领域正在经历深刻的变革。无论是业内对国防知识产权的认知,还是基于国防知识产权而形成的各种利益关系,与现行制度体系的制定形成期有很大不同。现行的国防专利产权制度体系基本上在战略实施之前已经存在,有很多制度甚至是在20世纪制定施行的,很多内容已经不合时宜,不能满足现实需要。因此,应当根据当前社会环境的需要,对国防专利产权制度进行创新,提升其制度效率。

二、研究意义

(一)理论价值

1. 进一步加深对国防专利制度的理论认知

由于法律体系中存在专门调整国防专利的《国防专利条例》,因此国防专利相对于其他类型的国防知识产权而言,其法律体系更加系统和完善,理论界以国防专利为研究对象的论著相对丰富,主要通过法律角度研究权利归属、利益分配以及转化应用三个方面的内容。采用制度经济学视角从制度效率方面对国防专利制度进行全景式分析的成果比较少。

本书以制度效率为观测点,通过经济学角度分析国防专利制度能够进一步扩展国防专利的研究视角,进一步夯实国防专利制度的理论基础。

2. 进一步丰富制度效率的分析框架

学界对制度效率的研究经历了从制度外向制度内转化的过程。开始比较注重宏观角度,关注制度与经济增长的关系,把制度能否促进经济的发展作为制度是否有效率的标准。目前,越来越多的学者从制度内部的结构与要素角度分析制度效率。他们认为制度效率由两个部分构成:一部分是制度外部特征与结果;另一部分是制度内部的运行情况。本书将制度效率与制度功能相联系,基于对制度功能的分类将制度效率分为配置、激励、约束、保险四个类别进行分析,构建了基于制度功能研究制度效率的新的分析框架。

(二)现实意义

1. 为修订完善国防专利制度提供对策建议

完善国防知识产权政策法律体系是当前及今后一段时期国防知识产权战略工作的重要内容。现行的《国防专利条例》是2004年修订实施的。随着国防知识产权战略的深入推进,《国防专利条例》中的一些内容已经滞后于时代发展,不能体现国防知识产权战略的新要求,需要根据实际情况修改完善。本书从制度经济学的研究视角,以提升制度效率,充分发挥制度功能为目标,提出了相应的完善措施,为《国防专利条例》的修订完善提供可供参考的对策建议。

2. 为军民科技资源融合式发展提供改进思路

目前,国防科技创新系统与民用科技创新系统分离的格局没有发生实质性改变,促进科技创新的协同机制尚未有效运转。“十三五”期间是国家创新体系建设的关键时期。我们应当增强时代紧迫感,主动适应科技发展的新趋势,鼓励合作创新,推动军民科技资源融合深度发展。面对信息化武器装备体系化发展的需求,应大力促进企业间、产学研用之间的合作,充分发挥各自优势,搭建合作平台,通过合作开发推进协同创新。而军地协同创新一个重要的前提是界定合作产生的知识产权的权利归属和利益分配问题;军用技术转化应用的一个重要的前提是设计合理的技术解密机制。本书通过研究制度的配置效率和激励效率,重点探讨权利归属问题和军民转化问题,可以为军地之间协同创新制度提供改进思路。

3. 为提升国防科技工业自主创新能力提供路径选择

国防科技工业是国家重要的战略产业,肩负着保障武器装备建设和推动国民经济发展的重任。建设创新型国防科技工业必须大力提高自主创新能力,而提高自主创新能力的标志之一就是拥有更多的自主知识产权。自主创新是国防科技工业的本质特征和内在要求,是发展军工先进生产力的根本途径。提升国防科技自主创新能力需要系统化、体系化的措施和步骤。制度是其中一个很重要的方面。本书在剖析制度的激励效率时,着重设计了激励机制。通过制定权利归属与利益分配的政策,能够使技术基础研究单位和军用产品研制部门依法获得合理的利益,引导科研单位瞄准未来技术的发展方向,结合当前重点型号需要,加强基础研究和前沿技术研究,培育自主创新的科技基础;通过完善对科研人员的激励功能,建立以知识产权为核心的创新体系,充分调动国防科研人员创新的积极性。

三、文献综述

(一)国防专利的文献述评

1. 国外研究现状

由于涉及保密的原因,国外关于国防专利(有些称为"保密专利")公开的文献研究比较少。研究国外国防专利的情况,可以通过涉及国防专利的法律制度规定来进行判断。世界各国法律对涉及国家安全或重大利益的技术专利申请均采取保密措施,建立了保密专利制度。根据是否对保密专利授予权利,各国的保密专利制度可以分为两类:一类是将发明创造保密,在解密前不授予专利权,例如美国、英国、印度、法国、荷兰、澳大利亚等;另一类是将发明创造申请的专利信息保密,经过审查合格的授予专利权,但不进行公开,例如俄罗斯、德国、巴西、巴基斯坦等国。

通过对国外国防专利制度发展脉络的梳理以及现行制度政策的分析,作者认为,国外国防专利(保密专利)制度体现出以下特点:

(1)管理机构和法律制度相对健全。绝大多数国家通过专门的机构管理国防专利,这些机构通常设在军方,一般隶属于国防部。主要承担国防专利的保密、解密、实施、补偿以及与国家专利主管部门的联络等工作。美国、英国、俄罗斯等军事强国在武器装备建设发展中,强化对国防专利的保护与管理,采取了积极有效的措施,激发国防技术不断突破,促进军用和民用高技术的相互融合,建立了相对完善的国防专利法律制度体系。例如,美国在《美国法典》中设专门章节论述知识产权的通用条款和例外条款,《联邦采办条例》对联邦政府采办所涉及的知识产权保护与管理进行了规范,《联邦采办条例国防部补充条例》进一步对国防采办合同所产生和使用的知识产权进行了补充规定,《国防部知识产权指南》对装备知识产权管理进行了具体规范。此外,各军(兵)种也制定了详细的国防知识产权管理的相关规定。有些国家制定了专门的法规,如丹麦、比利时制定了《保密专利条例》。

(2) 权利归属和利益分配相对细致。国防知识产权的权利归属和利益分配问题是国防知识产权的核心问题,不仅直接影响到国防科技成果的转化效率,而且也影响到项目承担单位科研创新的积极性,因此国外非常注重国防知识产权权利归属和利益分配问题。首先,建立了相对清晰的国防专利权的权利分类。例如,在美国,根据不同情形的技术资料,权利范围大小不同,包括无限权利、政府目的权利、有限权利、受限权利、在先的政府权利、标准的 DFAS“7015”权利、最小权利等。其次,在保证国家安全前提下,最大限度地赋予承包商权利。除了涉及国家安全的重大发明和需要保密的发明外,一般情况下,采取“谁创造,谁所有”的原则。美国国防部自 20 世纪 80 年代后一直坚持“放权政策”[①],允许承包商保留国防研发项目中产生的专利权。英国在一般情况下,国防研发合同产生的专利权归项目承担者所有。德国联邦国防军大学乌尔里希教授等组成的专家委员会曾向德国政府提交一份关于国防研发项目中产生的专利权归属及使用的建议报告,目的在于激励研发主体的创新,加速国防技术的推广应用。再次,在明确国防专利所有权的基础上,细化了政府和承包商的具体权利内容。在这方面,美

① 20 世纪 80 年代初期,美国政府对专利法进行了两次大的调整,颁布了《史蒂文森－怀德勒技术转移法》《拜杜法案》《联邦技术转移法》等法规,“放权政策”的采用促进了美国国防技术的商品化,带动了美国高新技术产业的发展。

国法律制度规定得相对系统与完善。

(3) 解密机制和转化应用相对完善。各国对于国防专利的管理都有严格的保密措施和手段,严防泄密。为了加快国防技术在军用领域的应用和向民用领域的转移,各国都采取了一系列措施。首先,细化了解密程序。对被扣押的保密专利申请或者保密专利定期进行解密审查,对不再需要保密的,予以及时解密,转为普通专利申请或者专利,进入普通专利程序。美国建立了自动解密机制;德国规定了解密审查的具体程序;印度也有解密的定期审查制度。其次,明确规定了政府强制实施的权利。例如,美国政府在承包商未采取有效措施将发明用于民品开发时,有权允许他人施用该项发明。再次,建立了加快国防技术转移的法律法规体系。例如,美国国防采购与政策办公室于 2003 年 1 月发布《渐进式采办中的技术转移指南》,重点指导国防部内部的技术转移,引导各有关部门在签订采购知识产权协议时充分让利,以便于国防知识产权的商业化;日本也颁布了类似的《产业活力再生特别措施法》《产业技术强化法》等。

(4) 权利保护和救济途径相对合理。国防专利的保密命令限制了权利人申请专利的技术公开,对专利申请人或者专利权人造成了经济上的损失,因此,绝大多数国家在制度层面对被扣押的保密专利申请或者保密专利的权利人给予经济补偿。同时,明确规定了请求补偿的途径。补偿要求可以向国防部提出,也可以向法院提起诉讼。例如,美国法律规定,发明人有两条途径寻求赔偿:①可以直接向做出保密命令的国防部门提出一个结算协议;②可以向联邦索赔法院提出申诉。法国法律规定,补偿数额由申请人与国防部协商,协商不成的,赔偿额由大审法院确定。

国外无论在国防专利的制度规定层面还是在实际操作层面,都存在值得我国借鉴的经验。在研究我国国防专利产权制度的效率时,可以借鉴国外的先进经验与做法,改进现行制度规定。

2. 国内研究现状

国内学者对国防专利制度的研究起步于 20 世纪 90 年代,但由于国防领域知识产权意识相对薄弱,研究力量相对有限,专门研究国防知识产权的理论著作并不丰硕,主要有林建成著《国防专利》,赵有亮、欧阳国华著《国防知识产权学》,吴伟仁著《国防科技工业知识产权实务》,李红军等著《装备知识产权管理》等。通过对国防知识产权及国防专利相关文献的梳理归纳,理论界关于国防专利制度的研究主要集中在国防专利的法理基础、产权归属、运用保护以及管理工作四个方面。

(1) 国防专利的法理基础。

理论界认同国防知识产权并不是一个独立类别的知识产权,而是基于使用目的的不同对运用于国防领域的知识产权的一种统称。国防专利权属于一类非常重要的国防知识产权。

关于国防知识产权的内涵,理论界仍然存在较大的分歧与争议,尚没有明确的权威说法。作者经过梳理,认为有代表性的观点主要有以下三种。第一种观点根据适用主体来界定国防知识产权,如李惠工[1]认为"国防知识产权是在国防科技工业系统产生和使用的知识产权。"第二种观点根据国防用途来界定国防知识产权,如黄天明、闻晓歌[2]认为"国防知识产权是指和国家军事活动有关并服务于国家安全行为的知识形态的权利。"王汴文、郑绍钰、李子冉[3]认为"国防知识产权是与国家军事活动有关并服务于国家安全行为的知识产权。"第三种观点根据国防关联性来界定国防知识产权,如国防知识产权局的官方概念是"国防知识产权是与国防和军队建设有关的知识产权,包括国家为国防和军队建设直接投入资金形成的并用于国防目的的知识产权,以及其他投入产生并专用于国防和军队建设的知识产权。"国家国防科技工业局科技与质量司[4]在对《国家知识产权战略纲要》进行政策解读时,认为"国防知识产权作为国家知识产权重要组成部分,主要是指与国防和军队建设有关的知识产权。"

国防知识产权除了具有知识产权的基本特征之外,还具有自身的特点,理论界关于国防知识产权的特点也有诸多论述。王九云、缪蕾、白莽[5]认为国防知识产权具有十个特点:①创新主体多为国防科研机构及其科研人员;②取得或被确认的程序具有特殊性;③形成或维持费用多属于国家出资;④客体多具有保密性;⑤权利人多为与国防有密切关系的企事业单位;⑥产业化形成的产品多为武器装备性军品;⑦目的在于维护巩固国防安全;⑧非自主创新的其他渠道很难获得或知悉;⑨适用主体多为国防企事业单位;⑩管理和保护所依据的法律多。

庞博文、白海威[6]认为国防知识产权具有国防目的性、严格保密性、军民兼用性、主体国有性以及成果的先进性。王丽顺、高原[7]认为国防知识产权的特点包括:①产权及后续维持费多由国家出资;②产权多属于军队或者国防系统的企事业单位;③保密限制严格;第四,推广转化后多形成军品。有学者[8]认为保密性是国防知识产权区别于其他知识产权最根本的特征;还有学者[9]认为保密权能是国防知识产权的特殊的军事性权能。

(2) 国防专利的产权归属。

国防知识产权权利归属和利益分配问题是整个国防知识产权战略的核心问题,学术界对此问题进行了深入探讨。对于国防知识产权的权利归属问题,普遍认为,单一的国有产权模式已经不能适应现实需要,也不能满足在多元投资主体条件下参与各方的利益诉求。应当综合考虑国家安全、资金来源以及激励创新、利益平衡等多种因素进行国防知识产权权利归属的界定。然而,具体的研究视角、研究程度、研究方法等方面有所不同,进而导致最终的权利配置状态也有所差别。

一些学者认为,国家应当对涉及国家安全和重大利益的国防知识产权拥有绝对控制权。例如,张晓玲[10]认为,对于政府资助形成的发明成果,国家享有免费的、非独占的和不可转让的使用权和介入权。如果成果涉及国家安全、国家利益和重大社会公共利益,可以保留知识产权。王林[11]认为,应确保国家对国防知识产权的绝对控制权,国家对于一切专用于国防的智力成果应拥有绝大部分产权。同时,通过赋予项目完成单位及其个人收益权来保障其合法权益,通过赋予使用方的使用权、相对的排他权以及收益权来保障使用方在成果商业化过程中的合法权益。马兰[12]认为,对于涉及国防重大利益的专用科技成果,知识产权应归国家所有,其他国防科技成果的权利授予完成单位,国家保留用于国防目的的免费使用权。朱雪忠、乔永忠[13]认为,对于涉及国家安全或者重大利益的发明创造,应该由国家享有绝对控制权,法定归国家所有,但是约定优先。

一些学者认为,在确保国家安全的情况下,应本着鼓励创新的需要来设置国防知识产权的各项权利。例如,陈昌柏、任自力[14]认为,进行国防知识产权权利归属时应当考虑激励科技创新、提高经济效率、维持利益平衡原则，倡导在保障国家重大安全和社会公共利益的前提下，充分鼓励技术创新和加速科技成果的市场转化，充分保障研发单位与知识产权完成人的合法权益。曾慧、杨文斌[15]认为，国家需要对国防智力成果在国防专用领域拥有一定的控制力，对于国家投资形成的军民两用技术成果，国家应有条件地确认生成单位完整的国防知识产权。同时应当协调国家控制权与生成单位经营权之间的关系，由国家保留重大国防知识产权的处分权，同时赋予生成单位对国防知识产权的占有权、使用权和收益权。胡翊珊[16]根据出资结构以及技术成果的安全系数不同，构建了共有-私有产权模式相结合的多重主体归属模式。当国防知识产权涉及国家安全和重大利益时，其军事性权能属于国家所有，确保国家安全，其他权能根据出资结构的不同进行不同形式的拥有和共享。

一些学者认为，国防知识产权权利的原始配置应当根据国家安全性、出资情形来确定，在此基础上再依据鼓励创新、促进应用和合同约定的原则，对权利进行进一步配置。例如，欧阳国华[17]认为，国防知识产权的权利归属可以采取优势权能力标准，归属依据可以具体细分为国家安全原则、出资主体原则、激励创新原则、促进应用原则和合同约定原则。基于国家安全原则，军事性权能都属于国家，在国家全额出资的情况下，权利原始地属于出资主体，但是基于鼓励创新和促进应用的需要，国家可以将其拥有的权利赋予给研发单位所有。在确保国家安全的情况下，除了军事性权能外，均可以通过合同自由约定。

一些学者还论述了专业领域的国防知识产权的归属情况。例如，陶军倩、刘宝平[18]归纳了影响装备采购中知识产权归属的因素，包括保密性、资金来源和研制方的性质。并根据这些影响因素，分别探讨了国家、研制方和使用方的权利内容。确保国家对装备采购中的知识产权的控制权，视情拥有知识产权的所有权和转让权。确保研制方对采购中的知识产权的收益权，视情拥有知识产权的转让权。保证使用方对装备采购中的知识产权的使用权，确保使用方的收益权。王新安[19]归纳了中国航天业知识产权的归属原则，包括国家安全利益原则、市场经济原则，并根据不同性质的资金投入构建“复合产权”模式。①管制类——涉及国家战略性核心利益的国防关键技术或武器装备，且由国家全额投入的，知识产权归国家所有；②控制类——涉及国家重大利益且主要由国家投资形成的重点国防技术和产品，其知识产权归国家所有，但经批准可将其使用权和收益权授予项目研究单位，并允许后者在国家许可时有偿转让其使用权和收益权；③授予类——由共同投资形成的国防科技成果，其免费使用权归国家，其所有权和经营权授予研制单位；④保留部分权利类——针对民品企业中的若干技术或者产品，本来就是军民两用者，如其投资全由非国家的法人进行，那么，其知识产权应属其投资者，国家可以保留免费使用权。

（3）国防专利的运用保护。

国防专利技术的转化运用与保护问题也是国防专利制度应当关注的焦点之一。国内学者从不同的视角对国防知识产权与国防专利的运用和保护问题展开了研究。

在国防专利的运用方面，理论界重点关注了国防知识产权军转民的转化运用问题。马兰在《浅析国防科技工业知识产权运用与产业化》[20]一文中梳理了国防科技工业知识产权运用和产业化存在的关键问题，包括权属不明确，数量和质量不高，市场投融资机制尚未真正建立，风险投资退出机制不完善，激励机制不健全。针对这些问题提出了改革的措施和建议：加强部门协作、加强制度建设、改革需与知识产权战略相结合、优化实施与产业化的渠道和环境、加强专利孵化基地建设、完善解密制度。袁晓军、李娟、杨云霞在《论促进国防科技工业知识产权转化的制度系统设计》[21]一文中，归纳了影响国防科技工业知识产权转化的因素，包括产权因素、保密因素、市场需求因素、资金保障因素、激励因素、政府因素。设计了促进国防科技工业知识产权转化系统，包括国防科技工业产权系统、国防科技工业知识产权应用系统（市场需求系统、解密系统、融资系统）、国防科技工业知识产权应用保障系统（激励保障系统、政府保障系统）。张进乐、杨云霞在《国防科技工业知识产权转化和应用的策略探析》[22]一文中，提出建立政府、国防科技企业和民用企业之间的联动机制，理顺国防科技工业知识产权管理机制，激活国防科技工业知识产权的激励及补偿机制，加强军地之间知识产权的战略性合作，有效利用信息平台，促进成果的转化应用。

在国防专利的保护方面，大多数学者是从系统宏观的视角审视国防专利保护工作，列出了国防专利保护工作存在的问题和解决途径。

例如,王云[23]以东方集团有限公司国防知识产权保护为分析案例,从企业的角度深度分析了国防知识产权保护不力的原因:申请的积极性不高,对生成者的激励不够,转化实施的条件不成熟。针对这些原因,提出了建立国防知识产权保护的长效机制:激发国防知识产权申请的积极性,明晰国防知识产权的权属,完善国防技术的定密解密机制,完善国防知识产权审查及登记制度,发挥中介服务机构的重要作用,创新企业知识产权管理方式。程然、程旭辉、王朋、刘昕宇[24]认为我国国防专利保护制度存在的问题包括保护意识较低,忽视国防专利的解密,缺乏对国防专利申请人和发明人的激励,缺乏与国防专利相关的救济措施。在此基础上提出了应对策略,包括增强保护意识,建立安全预警机制,完善解密机制,健全激励机制,改进司法程序,设立国防专利侵权的特殊规定。陈伟宏、杨宏亮[25]认为国防专利保护中存在的问题包括:重国有统管,轻权益分离;重成果鉴定,轻专利保护;重硬件建设,轻软实力提升;重行政调配,轻竞争调节;重技术保密,轻国际转让。提出加强国防专利保护的主要途径,包括建立完善的国防专利制度体系,提供国防专利申请的支撑服务,加强国防专利审批能力建设,促进专利使用的军民融合发展。也有少部分学者从微观角度以探讨国防专利保护的一个方面着眼,深入研究保护工作的个别问题。例如,刘国锋、张龙军、侯玉峰[26]专门探讨了国防知识产权纠纷处理问题。梳理归纳了国防知识产权纠纷处理存在的一些问题,包括制度供给不足,各个途径之间的衔接不够紧密,国家主义立场阻碍纠纷的合理解决。提出的对策建议有:更新纠纷处理理念,纠纷得到妥善处理的核心在于公平公正;建立多元纠纷解决途径,包括公力救济(行政调解、司法调解、诉讼)、社会救济(民间调解、仲裁)和自力救济(和解)等;增强各个解决途径之间的衔接,注重协商、调解、仲裁、诉讼之间的衔接。

(4)国防专利的管理工作。

理论界针对国防专利的管理工作主要从两个视角研究。第一,从微观主体的角度研究,包括国防科技工业集团、科研院所、军工企业等主体研究本领域知识产权管理工作;第二,从国家宏观的角度研究,主要是从国家对国防专利的行政管理的层面进行探讨。

第一,从微观主体的角度对国防专利管理进行研究。在《国防知识产权战略实施方案》出台之前,实践工作部门针对国防专利的管理工作就进行了一些探讨。例如,梁瑞林、韩立岩、王克刚[27]系统研究了国防科技工业集团知识产权管理模式,在分析我国国防科技工业集团知识产权管理现状以及借鉴国外大型企业知识产权管理模式经验的基础上,提出了我国国防科技工业集团知识产权管理的远景模式:主要对集团内部的知识产权进行资产管理,以管理集团公司本部的知识资产为主,以对下属单位知识产权工作的行政管理为辅。任培民、夏恩君、邵文武[28]在分析国防企业中存在的知识产权问题的基础上,构建了国防科技企业知识产权的系列战略,包括知识产权情报策略、知识产权开发策略、知识产权运用策略、知识产权防卫策略、知识产权人才策略、知识产权战略动态组合策略。吴伟仁[29]认为国防科技工业知识产权管理不能停留在计划管理模式上,也不能完全实施市场管理模式,而是应建立具有行业特色的分级管理体系。国防科技工业知识产权工作应当围绕几个方面展开:制定符合国防科技工业自身特点的管理政策法规,建立完善的管理制度、工作体系和运行机制,制定并组织实施知识产权工作规划与计划,培养一支高素质的专业队伍,开展知识产权保护与管理研究。袁俊[30]在《浅议军工产品知识产权管理》一文中针对军工产品知识产权的特点,提出军工产品知识产权的管理目标,阐述了军工知识产权管理的主要内容。他认为,专利权管理包括专利的使用权管理和决策权管理。为了提高军工企业知识产权管理水平,应当强化知识产权保护意识,搞好知识产权战略部署,加强知识产权制度建设,培养专业管理人才。

第二,从国家宏观的角度对国防专利管理进行研究。在《国家知识产权战略纲要》出台之后,根据国防知识产权的特点,在分析现实面临问题的基础上制定了《国防知识产权战略实施方案》,理论界和实务部门的人员纷纷就国防知识产权管理工作建言献策,形成了一些研究成果。在分析国防知识产权管理工作存在的问题时,学者们大多从维权意识、激励机制、解密转化、管理体制、人才培养、法律制度等角度进行分析。例如,梁清文、李群、孟庆贵[31]认为国防知识产权管理存在政策改革落后,激励政策缺失,分层分类管理不明,权利归属和利益分配政策不清,解密机制不完善,管理体制和运行机制不完善等几个方面的问题。张素梅、李杏军、石根柱[32]认为大多数军工单位专利基金制度缺失,即使存在专利基金,也严重不足,没有形成专利申请实施的良性循环。在提出对策建议时,针对上述问题提出了系统化的改革措施。员智凯[33]提出了加强国防科技工业知识产权管理的新思路和新举措:完善知识产权管理制度,加强知识产权创造能力,加强专利战略研究,建立专利文献数据库,加强基础研究和前沿技术研究,保密和保护并重,加强知识产权监控和预警,促进知识产权工作和研发、制造、经营管理的全面融合,加强职工知识产权能力培训,营造知识产权文化氛围。邵立周、陈炜然、郭文鹏[34]认为要加强海军知识产权保护体系建设,制定知识产权发展目标,强化知识产权管理意识,健全知识产权管理制度,提供专利文献检索和情况分析指导服务,探索新型专利转化形式,加强专利代理人的培养。苌军红、王春光、李红军[35]认为应当明确产权主体;健全法律体系;建立有效的激励创新机制;加强专业化人才队伍;完善管理体制;开展专利战略研究。

通过对国内国防专利理论文献的梳理与归纳,作者认为,随着国防知识产权战略的不断深入推进,关于国防知识产权以及国防专利的理论探讨也将随之充实丰富,这对于完善国防专利制度体系,规范国防专利管理工作,具有十分重要的指导意义。就目前的研究成果而言,①关于国防专利的法理基础。理论界对国防知识产权的内涵和外延尚未统一观点,这对于建立在内涵界定基础上的深入探讨具有一定的影响。然而,由于《国防专利条例》对国防专利进行了规范的法律界定,因此,关于国防专利的内涵并无争议。针对国防知识产权特点的论述,学者们由于分析的细致程度不同,得出的具体特点有所不同,但大都认为保密性和权利归属的特殊性是其最重要的特点。总体而言,国防专利的法理基础相对薄弱,针对国防知识产权本身的研究还不够深入系统,尚未形成相对完善的国防知识产权理论体系,国防专利的内部权利分析不够具体细致,研究的理论化色彩较弱。②关于国防专利的权利归属。国防专利权的权利归属侧重于在保证国家安全的基础上进行放权处理的观点基本一致,国防知识产权并非全部属于国家所有,而是在保证国家安全的基础上将权利赋予承包商。但是,学者们对于在多大程度上放权还存有异议。国防知识产权的内部权利类别没有进行深入细致探讨,这对于权利配置问题的解决有一定的影响。同时,影响权利归属的因素尚未充分研究,归属原则的理论依据还需要进一步丰富。研究多从法学和管理学视角进行规范分析,研究方法还比较单一。③关于国防专利的运用保护。普遍认识到国防专利需要及时转化应用和加强保护,并系统地从维权意识、权利界定、信息平台、资金保障、政府引导、司法救济等多个方面提出了改革路径。然而,研究的程度尚不深入,没有针对具体问题详细论述,宏观建议多,微观分析少,有针对性地提出运用和保护的措施还不足。④关于国防专利的管理工作。理论界主要从微观主体的角度和国家的宏观角度两个方面来进行论述,普遍认识到国防专利是一项重要的战略性资源,应当用心经营和管理。然而,从宏观层面探讨的文献较多,军工企业就自身的国防知识产权管理探讨较少。全面管理的文章多,专门管理的文章少。总之,随着国防知识产权战略的深入推进,理论界和实践领域都越来越关注国防知识产权问题,研究文献也越来越丰富。本书旨在通过对国防专利产权制度的观测分析,以新的方法和视角研究国防专利制度问题,提出改进措施和建议,以期丰富国防专利制度的理论研究。

(二)制度效率的文献述评

1. 制度效率的内涵及构成

西方经济学文献对于“效率”的研究最初是从“经济效率”开始的,在1906年出版的《政治经济学教程》中,意大利经济学家维弗雷多·帕累托提出了被广泛接受的效率概念——帕累托效率。帕累托最优状态又称为经济效率①。满足帕累托最优状态②就是最具有经济效率的。

然而,传统的经济效率标准的条件非常理想和苛刻。因此,经济学

① 一个竞争性的经济体系要实现最佳的帕累托最优状态,就必须拥有极其特别的特征:①交易成本必须为零,且决策者都拥有无限理性,即决策者都可以零成本地获得和处理他所需要的任何信息;②所有企业都是“纯租金”形式;③制度安排对确定均衡没有影响。(Jensen M C, Meckling W. Rights and Production Functions: An Application to Labor - Managed Firms and Codetermination[J]. Journal of Business, 1979(52):469 - 506)

② 帕累托最优状态包括三个条件:第一,交换的最优条件——任何两种产品的边际替代率对所有的消费者都相等;第二,生产的最优条件——任何两种要素替代率对所有生产者都相等;第三,生产和交换的最优条件——任何两种产品的边际转换率等于它们的边际替代率。当上述三个条件都满足时,就称整个经济实现了帕累托最优状态。

家们不得不寻找新的效率标准,这一标准必须能更加全面地反映现实生活中限制个人选择的约束。这正是许多新制度主义者所采取的方法。新制度经济学将制度引入了效率的解释范畴,把以往对效率的关注点从经济效率转移到制度效率上来,认为制度作为稀缺资源也存在最优配置问题。许多制度经济学者从不同的角度对制度效率进行了阐述和分析。

"制度效率"的概念最初是由诺思[36]在《经济史中的结构与变迁》一书中提出的。他认为,制度效率是指在一种约束机制下,参与者的最大化行为将导致产出的增加;而制度的无效率则是指参与者的最大化行为将不能导致产出的增加。他放弃了之前"制度总是有效的"①的观点。在诺思的研究后期,为了反映与时间进程中的经济变化相适应的制度变迁效率,他又提出了"适应性效率"[37]的概念。适应性效率是与配置效率相对应的动态效率,考察的是长期经济绩效的制度结构如何适应经济变动而调整的问题。1990 年,诺思在《制度、制度变迁和经济绩效》一书中,深入阐述了产权制度的进步是经济发展的一个重要原因。其研究表明产权制度的进步,不仅提高了人们的生产性努力,而且也降低了交易费用,因为产权制度的进步还表现为对产权保护程度的提高。韦森[38]认为,制度主要包括激励机制和约束机制,制度效率是制度安排本身产生的激励所引致的经济增长。在分析交易费用与制度效率的关系时,他认为尽管"法律规则的体系化、交往行为的规范化以及经济运行的制度化"需要较高的交易费用,但是这种社会对经济增长的激励作用更加强大,而缺乏刚性制度对经济运行的激励会造成社会效率的损失。卢现祥[39]在《新制度经济学》一书中认为,有效率的制度促进经济增长和发展;反之,无效率的制度抑制甚至阻碍经济增长和发展。然而对于什么是有效率的制度以及制度效率本身的涵义没

① 1973 年,诺思在《西方世界的兴起》(与罗伯特·托马斯合著)一书中,认为:有效率的经济组织是经济增长的关键,而有效率的组织的产生需要在制度上做出安排和确立产权以便对人的经济活动造成一种激励效应,根据对交易费用大小的权衡使私人收益接近社会收益。一个社会如果没有实现经济增长,那就在于该社会没有为经济方面的创新活动提供激励,也就是说,没有从制度方面去保证创新活动的主体应该得到的最低限度的报偿或好处。在这本书中,诺思强调"制度是重要的",并且隐含"制度总是有效的"这一观点。

有更多的涉及。

对于制度效率的研究经历了一个由制度外向制度内的转化过程。上述学者从制度结果的角度，即制度运行是否给予外部经济带来增长来界定制度是否有效，能否产生效率。随着对制度效率的深入研究，对于制度效率的关注点逐渐由制度结果转向制度内部。国内大多数学者在界定制度效率①时，基本上援引效率本身的涵义并进行扩展和应用。他们运用新古典理论的成本－收益法，将制度看作一种产品，通过衡量制度成本和制度收益判断制度效率，并认为制度是否有效率就要看制度收益是否大于制度成本。林毅夫[40]认为，制度效率可以从制度成本和制度收益的对比来解释。制度成本主要包括制度变革过程中的界定、设计、组织等成本以及制度运行过程中的组织、维持、实施等费用；制度收益包括制度降低交易成本、减少外部性和不确定性等的程度。制度效率有两种表示方法：①假定制度所提供的服务或实现的功能为既定，则选择费用较低的制度更富效率；②假定制度选择的费用为既定，那么能够提供更多服务或实现更多功能的制度更富效率。

有些学者综合制度结果和制度内部的双重视角，多层面地解析了制度效率。袁庆明[41]认为，制度效率主要包括两个方面：①制度安排的效率；②制度结构的效率。制度安排的效率主要取决于三个因素：制度的普适性、其他相关制度安排实现其功能的完善程度以及生产过程的技术性质。制度结构的效率主要取决于：构成这一结构的单项制度安排的效率，制度配置状况，制度耦合状态。柯荣住[42]认为，理解制度效率可以分为三个层次，具体包括事前效率、事中效率和事后效率。在分析制度效率时，需要指出考量的是哪种效率。在这三种效率中，事后效率的要求最苛刻，事中次之，事前最宽泛。但在现有的博弈论里的概念是事前有效意味着事中、事后都有效，这是因为在贝叶斯决策规则下，任何可能性都在事前已经考虑到了。这种概念依赖于严格的贝叶

① 对制度效率的界定和对制度是否有效的判定并不相同。制度效率的涵义界定主要是对什么是制度效率的解释。而判定制度是否有效应当依据由制度效率的涵义派生出来的标准进行选择。国内很多学者在判定制度是否有效时的观点多样，但是就制度效率本身的涵义而言，普遍认同运用成本－收益的方法进行界定。

斯规则，而现实的复杂性在于并非所有事后都依赖于严格的贝叶斯规则。柯武刚和史漫飞[43]认为有效制度的本质特征在于普适性。制度应当是一般而抽象的；可认识的，能够为未来环境提供可靠的指南；同时制度应当具有开放性，以便允许行为者通过创新行动对新环境做出反应。高德步[44]从法律的视角分析了制度效率的问题。他认为法律效率包括两个方面：一是法律制度对社会经济发展的影响，即法律制度是促进经济发展还是阻碍经济发展；二是法律制度本身的效率问题，即法律制度本身运行所需要的成本及其所带来的效益。

通过对制度效率不同视角和观点的分析，作者认为，制度效率的核心在于通过提供有关权利－义务－责任的规则体系，以最小的成本获得最大收益，产生最好的制度结果。制度结果可以有多种评价角度，可以是制度的外部作用，也可以是制度功能的发挥程度，还可以是制度目标的实现程度等。正是基于此，对于制度效率可以采取不同的研究视角和分析路径进行展开，本书采取从制度功能的视角对国防专利产权制度的效率问题进行分析。

2. 制度效率的标准及衡量

制度效率的标准就是判定制度是否有效的依据。国内外针对制度效率的标准问题有多种观点。

马克思主义政治经济学[45]以历史唯物主义方法论为基础，分析了不同产权安排下的制度效率问题。制度是建立在财产关系基础上的人与人之间的权利义务关系。它认为，从宏观角度而言，越是能够促进生产力发展的制度越有效率。从微观而言，他们又把生产力标准细分为劳动生产率标准、利润率标准和满足人们需要的标准等。

新自由主义经济学家布坎南[46]以主观主义方法论为基础，认为判断制度是否有效率，不需要从客观结果去检测，而只需从该制度下的交易者出发进行判定。如果在该制度下交易者能够按照自己的意愿公开自由交易或者订立契约，一致认可该制度，那么该制度就是有效率的。他认为，制度的效率与交易成本无关，只和“是否一致”以及“一致性的程度”有关。只要能保证交易自由，那么制度就是有效率的，否则就是无效率的。这种一致性评价是对交易过程而非交易结果的评价。

科斯等现代产权经济学家从交易费用的角度评价制度是否具有效

率。科斯[47]把交易费用与制度效率联系起来,揭示了交易费用与制度形成之间的内在联系,把交易费用作为市场机制运行的成本,认为它会影响资源配置效率。他将以产权为核心的制度设计纳入到经济系统中,通过比较交易费用的大小进行最优制度设计。

菲吕博顿和瑞切特[48]认为:“选择理论通常是在一个既定的制度结构背景下研究一个最优的消费或生产方案的选择,在这种情况下,制度结构只是优化问题的一个次要条件。”而制度的选择集是开放的并且随时间的变化而不断变化。在任何一个时期里的制度创新如果导致了社会整体福利的增加,那么它就是合乎社会需要的。但是这种处理方法的困难在于持续的制度重组可能无法产生连续的帕累托改善。“制度安排应当做到充分的弹性和开放性,才能快速且低成本地调整到新的环境中去”[49]。这就意味着,让制度安排具有效率的标准是看制度是不是具有充分的弹性和开放性。

杨飞[50]认为,衡量一项制度安排是否具有效率可从三个方面进行判定:①能否拓展人们选择的空间;②能否通过价格指导经济发展;③能否有效地调解交易中出现的不公正。

布罗姆利[51]认为,以单一的经济指标评判制度的问题在于,一个非经济问题被置于一个经济真理原则之下,以考查它是否符合经济理性,并对这个非经济问题进行处理。他强调公共政策的社会选择意义。不能仅仅从政府的角度,如果将对制度的评判交给公民公开和民主地讨论,经济效率就不可能是评判制度绩效的唯一指标。

姚洋[52]认为:衡量制度绩效的指标是多重的,经济增长是其中的一个方面,即经济增长并不是衡量制度绩效的唯一指标。一个较好的制度应该使经济外推到现有技术的生产可能性边界上,同时也建立一种鼓励创新的机制,以使生产可能性边界本身向外扩张。平等、人的健康与教育、社会发展、稳定、和谐等,都是衡量制度绩效的指标。

袁庆明[53]认为,制度效率可以通过以下方法进行衡量。①通过制度带来的净收益与制度投入的净成本的比例来衡量。制度效率与制度带来的净收益成正比,与制度投入的净成本成反比。这种方法从逻辑上说较为准确,但难以用于制度之间的比较。②通过制度之间的对比效率来衡量。这种衡量方法可以对同一对象采取不同的制度进行对比分析，缺点是对不同的对象没有可比性，而且实施不同的制度带来的净成本常常变动，这种方法缺乏准确性。③通过制度的边际效率来衡量。这种度量方法可以检测一项新制度的有效性，可以判定制度变动的科学性和有效性，而且度量准确易行。缺点是不能反映制度带来的平均效率水平。

谢瑞平[54]认为制度效率理论中的基本概念尚需要进一步阐释，他创建并定义了一个可以计量的制度效率概念——制度的行为效率。制度的行为效率是指域中因制度而增加的好行为占所有实际行为的比例。他从一个全新的视角提供一个研究制度效率的一般理论框架和计量方法，以分析域的分类和域的效率作为研究的逻辑起点，基于量化制度效率的思想，从制度对行为作用的角度，定义了制度系统的行为效率和单项制度的行为效率，并分析了两者之间的计量关系。

关于制度效率的衡量，学者们提供了多种多样的判定标准，有些学者基于制度结果来衡量制度效率。而制度结果又包括狭义的结果和广义的结果，狭义的结果仅仅是促进经济的发展，广义的结果是除了经济发展之外还包括社会其他方面的进步。作者认为，单单从制度结果来看，不能仅仅局限于经济的增长，制度的作用域①是广泛的，不同领域的制度其作用的侧重点不同，因此从制度结果来评测制度效率时，应将其效果的内容进行扩展。有些学者基于制度效率本身的涵义，从成本和收益的对比进行衡量，虽然这种衡量方法从逻辑上是正确的，然而计量制度成本和制度收益有难度，因此这种制度效率的衡量方法理论上是正确的，但实际操作有困难。有些学者从制度本身具有的性质来判定制度效率。例如，如果制度具有弹性和充分性，就是有效的；如果制度能够拓展人们选择的空间，就是有效的等。这样的衡量标准能够判断制度是否有效，然而不能进行类似制度之间的对比分析，不利于制度之间的选择。有些学者从主观主义出发，认为制度效率与交易者内心的一致性评价有关，一致性程度高的制度效率就高。这一衡量标准过

① “域”是制度的作用范围。青木昌严(2001)对域的定义是，它由参与人集合和每个参与人在随后各个时期所面临的技术上可行的行动集组成，参与人可以是自然人，也可以是组织。

于主观,无法评测。总而言之,针对制度效率的衡量,学者们的观点多样,提出了多种标准,为本书展开研究提供了借鉴。然而,关于制度效率的定量研究,理论界关注不多,尚未有一个系统完整的理论对制度效率做出一个可以量化的精确定义,现有理论很难确定一项制度的效率的数值到底是多少,或者依据一套系统完整的理论得出一项制度效率的函数表达式。这也是理论界需要继续研究探索之处。

3. 制度效率的提升路径

制度效率提升路径与方法的探讨是建立在对于制度效率评测标准的基础上。直接和系统论述提升制度效率的文献并不多,大都从某一个或某些角度对提升制度绩效,进行制度创新建言献策。许多经济学家如科斯、威廉姆森、布罗姆利等从制度内部及制度结构层面对提升制度效率进行了更为细致和缜密的研究。

有些学者从交易费用的角度进行论述。科斯[55]提出著名的“科斯定理”:在交易费用为正的情况下,一种制度安排与另一种制度安排的资源配置效率是不同的。约翰·克劳维根[56]交易成本经济学的研究路径可以概括为:根据交易的特性,从交易费用最小化出发探讨可能采用的治理结构。在简化形式的假设基础上,建立交易与治理结构的匹配,并通过实证研究确认。这就意味着最小化的交易费用是选择治理结构的关键。即制度效率的高低与交易费用直接相关,可以通过降低交易费用提升制度效率。威廉姆森[57]认为,最优的治理结构是能够最大程度节约事前和事后交易费用的治理结构。

有些学者从产权的角度进行论述。诺思[58]认为:“理解制度结构的两个主要基石是国家理论和产权理论。”“在给定现行技术、信息成本和不确定性的约束条件下,在稀缺与竞争世界中以最小成本解决方案而存在的产权形式将是有效率的。”

有些学者从制度结构的角度进行论述。阿兰·斯密德[59]提出了“状态(Situation)-结构(Structure)-绩效(Performance)”范式(简称SSP范式)。在SSP范式下,物品的特性导致人们之间的相互依赖性,这种相互依赖性可以由几种制度安排来解决,在每一种制度安排下,不同的行为主体可以得到不同的机会或者利益。通过改善制度的结构,可以提升制度的效率。

有些学者从制度要素的角度进行论述。赵德起[60]提出了制度效率的“短板”理论。他认为，可以通过改善制度要素提升制度效率。新制度经济学主要从交易成本、契约、产权和国家四个要素来研究制度。那么，这四个方面也就构成了影响制度效率的“制度要素”。制度要素的协调运行会最大化地提高制度效率，其中某个或者某些要素不充分，就会导致制度效率的“短板”，进而影响到整个制度效率。他首先分析了制度各个要素对制度效率的作用机理，接着描述了判定制度效率“短板”的方法，创建了制度效率评测模型。

现有文献中，很少有针对提升制度效率的专门系统论述，作者只能通过学者们在分析论述制度效率时，依靠对其思想的把握，捕捉他们对提升制度效率路径的理解。目前有越来越多的学者从制度内部的要素和结构角度分析制度效率，并试图从中找出提升制度效率的路径和办法。

四、逻辑结构和研究方法

（一）研究思路及其内容

本书以国防专利产权制度效率为研究对象，按照“提出问题 - 选择视角 - 分析问题 - 解决问题”的研究思路，重点研究国防专利产权制度的效率损失及其解决办法，目的在于提升国防专利产权制度的效率，完善并充分发挥其制度功能。书中首先通过对国防专利产权制度效率基础理论的分析，选择以制度功能作为研究视角，并基于对制度功能的梳理、凝练与分类，对国防专利产权制度体系进行效率分配。其次，依据制度的配置、激励、约束、保险四类基本功能对国防专利产权制度效率分别展开。在分析每一种具体的功能效率时，按照“理想愿景 - 分析路径 - 现实观察 - 策略选择”的逻辑线路，分析制度功能的作用机理、功能效率的影响因素、效率损失的现实表现以及提升效率的策略选择。重点论述能够突出体现具体制度功能的制度规则及其实施效果。最后，在前文分析的基础上，提出国防专利产权制度效率提升的路径，从价值追求和基本原则两个方面进行总体构想，从高效利用、激励创新、约束惩戒、风险规避四个方面提出具体的措施与建议。本书的研究思路及框架如图 0 – 1 所示。

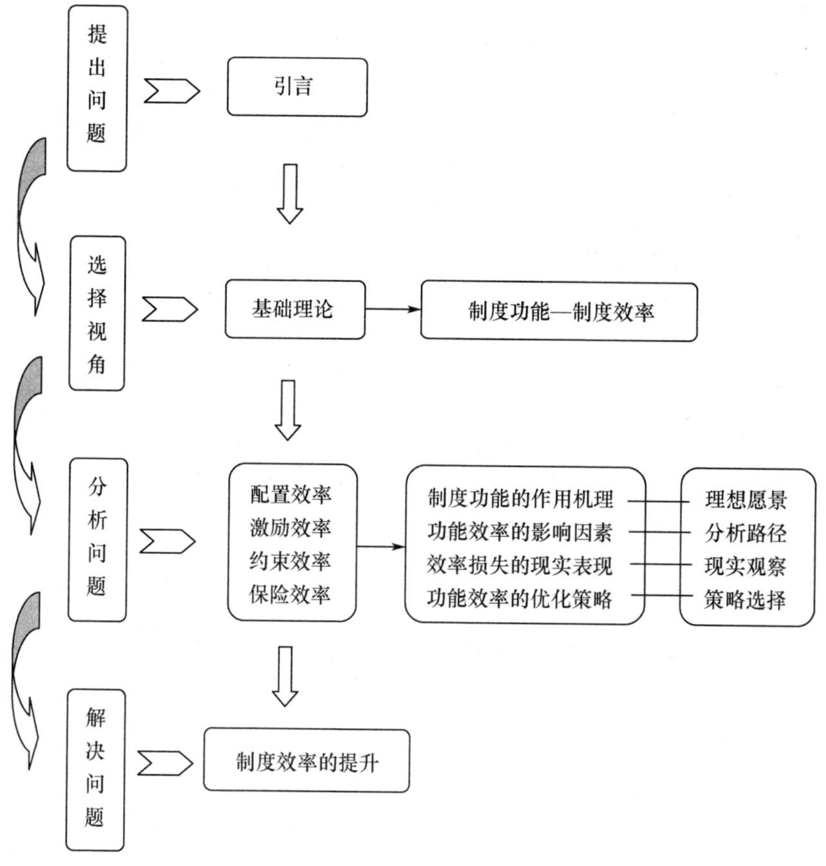

图 0 – 1　研究思路及框架

按照上述研究思路及框架，本书的内容安排如下：

引言，介绍研究背景、研究意义、文献综述、逻辑结构、研究方法、研究创新点及不足，为正式开展研究奠定基础。

第一章，国防专利产权制度效率的基础理论。界定基本概念，明确国防专利产权以及国防专利产权制度；构建制度效率的一般测算模型，研究交易成本与制度效率的逻辑关联，划定国防专利产权制度交易成本的范围；梳理产权制度功能，分析制度功能与制度效率的辩证关系，搭建基于制度功能的效率度量模型,并对国防专利产权制度体系进行效率分配。

第二章到第五章是基于对制度效率的分类,从配置、激励、约束、保险四个方面对国防专利产权制度的效率进行分析和研究。具体来说:

第二章,国防专利产权制度的配置效率。以产权资源“物尽其用”和产权流动及时有效的配置目标为导向,在遵循福利最大化原则、促进应用原则和及时转化原则的基础上,从国防专利产权的使用、许可、转让和转化四个方面对配置效果进行衡量。梳理国防专利产权制度配置低效的具体体现,并剖析原因。针对实施配置和转化配置两种类型提出优化策略。

第三章,国防专利产权制度的激励效率。以鼓励创新者努力持续创新为激励目标,设置双层环节进行激励。在对研发主体的激励环节,以分析产权明晰度对产出的影响以及国防专利产权的权利构成为基础,梳理我国国防专利产权结构不明晰的表现,借鉴美国国防专利产权结构经验,提出基于激励创新的国防专利产权结构;在对创新团队的激励环节,分析创新团队的权益范围及存在的问题,考察国外有关创新团队权益的制度规定,重新审视我国创新团队的权益范围。

第四章,国防专利产权制度的约束效率。以国防专利产权主体行为的实然状态与应然状态相吻合的约束目标为牵引,探讨对权利行为的约束和对义务行为的约束两个方面的内容。对权利行为的约束方面,应当限制权利的滥用。以利益平衡为出发点,分析权利约束的影响因素,对现行制度规定进行评价,明确界定约束权利行为的“政府介入权”;对义务行为的约束方面,应当惩治非法的履行。分析义务约束的影响因素,梳理国防专利侵权现状,选择约束义务行为的最优责任规则。

第五章,国防专利产权制度的保险效率。以降低制度风险为保险目标,分析制度风险的五种表征,探寻制度风险的三种来源,得出立法技术和非正式制度是影响制度保险效率的两个关键因素,并由此提出规避制度风险的方法。对于静态制度风险,应当提高立法技术;对于动态制度风险,应当调整非正式制度。

第六章,国防专利产权制度效率的提升路径。通过价值追求与基本原则对国防专利产权制度进行总体构想，建立以安全、创新、效率为核心价值追求，以国防优先、利益平衡、激励创新和促进应用为基本原则的国防专利产权制度。通过高效利用、激励创新、约束惩戒、风险规避四个方面提出具体的改革措施与建议。

（二）研究方法

研究方法是主体为了研究客体的需要而采取的方式和手段。不同的研究目的、对象、任务以及领域，研究方法有所差异。针对同一客体，根据不同的需要，采取多种方法，能够更加全面地分析和了解研究对象，使研究更加客观和科学。国防专利产权制度效率问题涉及经济学、法学、管理学、军事学等多个学科领域，为了更加全面、深入地剖析这一问题，本书以辩证唯物主义与历史唯物主义的方法论原则为指导，综合运用多学科的研究方法对国防专利产权制度效率问题展开研究。

1. 规范分析与实证分析相结合

规范分析是在确立价值判断标准的基础上，将事物发展及其结果与标准进行比对，寻找差异，重点研究事物如何发展才能符合所确立的标准，提出相应的对策。实证分析是在保持价值判断中立的基础上，研究事物发展的客观事实以及规律，分析预测事物发展的趋势和结果，提出相应的对策。本书在研究的过程中，一方面，基于对客观现实环境的分析以及国防专利产权制度发展规律的把握，对制度各个功能目标做了一个定位，确立了国防专利产权制度的各个功能应当达到什么标准；另一方面，基于对国防专利产权制度各个功能的现实考察，客观描述制度功能的发挥情况，梳理制度实施过程中暴露的问题，真实全面地了解国防专利产权制度的运行情况。通过规范分析和实证分析两种途径，能够更加清晰地对比现实与理想的差距，使提出的对策建议既符合国防专利产权制度功能的要求，又遵循了国防专利产权制度的客观规律。

2. 静态分析与动态分析相结合

静态分析承认事物的相对稳定性，是分析事物在某一时间点的状态，事物的各个变量在静态分析中是相对不变的。动态分析引入了时间维度，是分析事物在某一时期的发展变换状态及其趋势，事物的变量在动态分析时存在时间的先后差异。静态分析与动态分析相结合，可以相互补充，更加全面、系统地了解事物。本书在研究的过程中，一方面,考察了国防专利产权的静态结构,基于生成要素与激励创新而生成的国防专利产权结构,将产权权利在产权主体之间进行了分配,此时的产权结构是相对稳定的、静态的;另一方面,研究了国防专利产权结构的动态变化机理及过程,国防专利产权主体能够通过许可、转让、转化等行为变更产权主体以及产权内容。通过静态分析与动态分析两种方法,不仅能够考察产权结构的初始状态和现实状态,而且能够通过产权变化机理和规律,对产权变动趋势做出合理预测。

3. 定性分析与定量分析相结合

定性分析是对事物进行质的方面规律性研究,通过演绎和归纳、分析和综合、抽象和概括等方法,对所获得与事物相关的各种资料进行思考加工,最终达到认识事物本质,揭示其内在规律的研究方法。定量分析是运用数量型方法分析和研究事物,使人们对事物的认识更加精确化,可以对定性分析做以补充和支撑。在本书研究的过程中,一方面,通过查找大量的文献资料、法律条文,对国防专利有了更加全面的认知,为确立研究对象与分析框架奠定了基础。通过文本分析、逻辑推衍等方法,对国防专利产权制度的宗旨、内容、功能、风险等问题进行了定性描述。另一方面,针对国防专利的权利归属、利益分配、侵权状况以及维权意识等方面进行了问卷调查,针对国防专利的创造、运用和保护情况进行了实地调研,利用调查和调研的统计分析为研究提供数据支撑。

4. 宏观分析与微观分析相结合

宏观分析是从整体上研究事物,站在事物之外观察其发展过程、发展态势以及运行规律。微观分析是研究事物内部的构成要素,深入事物内部从某个方面探寻其内在特殊的发展规律。在本书的研究过程中,一方面,以国防专利产权制度为整体,从外部考察其所面临的制度风险,通过调整外部的非正式制度来降低动态风险,完善制度的保险功能,提升保险效率;另一方面,以国防专利产权制度的内部规定为研究对象,通过提升立法技术,创新制度内容,提升制度的配置、激励和约束功能。通过宏观分析与微观分析两种手段,既能够从整体上把握国防专利产权制度及其发展趋势,又可以分析其内部要素以及相互关系,为制度的科学发展提供思路。

五、研究创新点

本书的创新之处包括以下几点：

（1）选择制度效率为视角研究国防专利产权制度。以国防专利作为对象的研究文献，多数是从法学视角来展开的，也有一些从管理学视角进行研究。主要探讨了国防专利的法理基础、权利归属、运用保护以及管理工作等方面的问题。本书选择制度经济学中的制度效率视角对国防专利产权制度进行研究，通过分析国防专利产权制度效率的构成、影响因素、效率损失及其原因，最终从提升制度效率的角度提出对国防专利产权制度整体的完善路径。

（2）构建以制度功能为基础的制度效率的分析框架。从对制度效率研究文献的梳理情况来看，制度效率是一个内涵丰富、层次多元、视角多样的“综合体”。根据观测视角的不同，制度效率可以分为外部效率与内部效率。外部效率侧重从制度作用进行评价，主要考量制度对经济增长的贡献率。内部效率侧重从制度本身的因素进行评价，包括从交易费用、构成要素、结构类型等方面评测制度效率。本书以制度功能为分析框架探索制度效率，通过研究制度功能与制度效率的逻辑关联，得出制度效率可以通过制度功能的发挥程度进行评价和衡量。

（3）针对国防专利产权制度效率的提升，提出以安全、创新、效率为核心价值追求，以国防优先、利益平衡、激励创新、促进应用为基本原则的总体构想，以高效利用为目标、激励创新为牵引、约束惩戒为保障、风险规避为手段的具体措施。在研究获得结论的过程中，以制度功能为基础，将制度效率从配置、激励、约束和保险四个方面进行评价和衡量，为研究的开展奠定了理论框架；构建制度功能发挥的实际状况与制度功能发挥的理想状态之比的制度功能效率模型，为后文的深入分析提供分析思路；以各个制度功能发挥的理想状态为目标，梳理各功能效率损失的表现并分析其原因，抽取各个功能效率的影响因素，提出提升每一类功能效率的策略选择，为全书结论的得出提供理论支撑。

第一章　国防专利产权制度效率的基础理论

在系统化地对某一问题开展研究之前,清晰地界定核心范畴,选择特定的研究视角,搭建理论分析框架是必备的基础。本章作为全书的基础理论支撑,明确界定了国防专利产权制度的内涵,选择制度功能为制度效率的研究视角,搭建配置 - 激励 - 约束 - 保险“四位一体”的理论分析框架。

第一节　基本概念界定

基本概念和核心范畴的界定为本书确定了研究对象,划定了研究范围。基本概念和核心范畴界定的清晰与否,直接关系到整个理论体系构建的科学性和严谨性。

一、国防专利产权

(一) 关于“产权”的理解

产权(Property Rights)是财产权或财产权利的简称。由于学者们各自的研究目的、研究方法、研究视角不同,对产权的理解也存在差异。关于“产权”的定义可以归纳为以下几种类型:

(1) 从内涵本质的角度进行界定。费雪[61]认为:“产权不是物质财产或物质活动,而是抽象的社会关系。”菲吕博腾和配杰威齐[62]认为:“产权是一系列用来确定每个人相对于稀缺资源使用时的地位的经济和社会关系。”这种关于产权的定义,认为产权并不是单纯的人对物的权利,而是基于物而发生的人与人之间的社会关系。人与人之间的社会关系才是产权的本质所在。

(2) 从外延内容的角度进行界定。这种产权的定义主要是从产权包括哪些具体权利,之后逐一列举的方式进行界定。根据产权包含权利的多少又将其分为广义和狭义两种类型。狭义的产权界定为财产所有权,包含人对物的多方面权能的权利束。例如,《牛津法律大辞典》[63]认为:"产权是指存在于任何客体之中或之上的完全权利,包括占有权、使用权、出借权、转让权、用尽权、消费权和其他与财产有关的权利。"张五常[64]认为,一个产权的基本内容包括行动团体对资源的使用权与转让权以及收入的享用权。完备的产权包括使用权、收益权、转让权。广义的产权将产权与人权统一起来,认为产权等同于人权。例如,巴泽尔[65]指出:人权是产权的一个部分,产权是使用经济物品的人权。

(3) 从形成机制的角度进行界定。这种产权的定义是从法律或国家强制性的角度对产权进行的界定,认为产权是法律或国家强制性规定的人对物的权利,是一系列旨在保障人们对资产的排他性权威的规则,进而维持资产有效运转的社会制度。例如,阿尔钦[66]认为:产权是授予特别人格某种权威的办法,利用这种权威,可从不被禁止的使用方式中,选择任意一种对特定物品的使用方式。《新大不列颠百科全书》认为,产权是政府所认可的或规定的个人与客体之间的关系。

(4) 从功能作用的角度进行界定。这种产权的定义从产权的功能出发具体分析,而不是抽象地加以解释。德姆塞茨[67]认为:"所谓产权,意指使自己或他人受益或受损的权利。产权的一个主要功能就是引导人们实现将外部性较大地内在化的激励。"波斯纳在《法律的经济分析》中虽然没有对产权下一个明确的定义,但是他对产权的分析是从其产生的社会作用的角度来展开的。

虽然学者们对于产权的理解存在许多差异,但是通过梳理归纳,作者认为,对于"产权"的理解应当包括以下内容:①产权是基于物的存在以及对物的使用所引起的人们之间相互认可的行为关系;②产权是一束权利,包括归属权、使用权、收益权、转让权,产权可以分解,分解后的权利还可以进一步细分,这也是满足同一资源的不同功能被不同主体分享的需要;③产权侧重于是一种经济权利;④产权源于社会经济生活对人的权利和责任的规范。

(二) 国防专利产权的理论界定

国防专利产权是由“国防专利”和“产权”两个语词组成的。对于国防专利,《国防专利条例》第二条规定:“国防专利是指涉及国防利益以及对国防建设有潜在作用需要保密的发明专利。”通过上文对“产权”内涵的分析,作者认为,国防专利产权是指基于对国防专利的利用而产生的人们之间相互认可的行为关系,是包涵对国防专利不同分享方式的一系列权利组成的经济权利束。国防专利产权可以通过以下维度理解:

(1) 国防专利产权以国防专利为物质载体。国防专利是涉及国防利益以及对国防建设有潜在作用需要保密的发明专利。① 国防专利与保密专利不同。根据我国专利法的规定,保密专利分为两种:一种是涉及国家重大利益需要保密的,这一种是由国家知识产权局受理、审批;另一种是涉及国家安全需要保密的,这一种是国防专利,由国防知识产权局受理、审查,由国家知识产权局授予国防专利权[68]。②国防专利仅仅包括发明专利,不包括普通专利中的实用新型和外观设计专利。

(2) 国防专利产权体现了基于对国防专利的利用而产生的人与人之间的关系。国防专利产权表现的是行为人和国防专利之间的关系,实质上反映的是基于对国防专利的利用而形成的人与人之间的行为关系。国防专利产权是一系列用来确定每个人相对于国防专利这一稀缺资源使用时的地位的经济和社会关系。产权安排确定了与国防专利相关的行为规范,每个人都必须遵守与其他人之间的相互关系,或者承担不遵守这种规范的处罚成本。“良好界定的产权限制人们使用资产的方式。产权界定保证人们以某种方式承担他们行为的成本。”[69] 国防专利产权是包涵行为规则的权利,而不仅仅是静态的所有权的归属关系。

(3) 国防专利产权是包涵多种子权利的经济权利束。国防专利产权可以分解为国防专利归属权、国防专利使用权、国防专利收益权和国防专利处分权四种大的权利类别。每一种主要的权利下面还可以进行细分。产权的可分解性使国防专利这一资源能够满足不同主体的需要,这是分工深化的结果,也是提高资源配置效率的要求。国防专利产权体现的是行为人对国防专利的利用关系,因此所分解的权利都具有经济性,国防专利产权是经济权利束。

（4）国防专利产权是基于社会经济生活产生的关于国防专利利用的规则,是法律规范确认和调整的客观存在。“产权不仅仅是法律赋予的权利。法律权利会增强经济权利,但是对于后者的存在来说,前者既非必要条件,也非充分条件”[70]。“在私有产权下,任何共同协议的合约条件都是得到许可的,尽管它们不一定都要得到政府执行机构的支持”[71]。国防专利产权在法律明确规范之前就存在,是源于社会经济生活隐含的人与人之间交往的合理规则,只是经过法律确认和规范后,具有法律意义并受到法律的强制性保护。

（三）国防专利产权与国防专利权的对比分析

专利权是知识产权法中的一个范畴,专利权是国家专利主管部门依据《专利法》授予发明创造人或其权利受让人对特定发明创造在法定期间内所享有的独占实施权。根据专利权的理论界定,国防专利权①是国家专利主管部门依据《专利法》和《国防专利条例》授予发明者或其权利受让者对国防发明在法定期间内所享有的独占实施权。

本书的研究对象是“国防专利产权”,它与国防专利权存在差异,具体如下:

（1）所属领域不同。从语词组合来看,国防专利产权是“国防专利”与“产权”两者的叠加,属于经济学领域的研究范畴;而国防专利权是法学领域中知识产权法的研究范畴。

（2）价值功能不同。国防专利产权强调产权制度与个人经济行为的内在联系,更加重视产权制度对行为主体的激励和约束作用,更加关注效率。国防专利权强调行为人在运用国防专利时的法律边界,更加重视行为主体的行为是否符合法律的要求,是否违法。

（3）生成方式不同。国防专利产权不需要法律确认就客观存在,在法律明确规范之前就存在,是源于社会经济生活中隐含的人与人之间交往的合理规则,只是经过法律确认和规范后,具有法律意义并受到

---

① 《国防专利条例》第二条对“国防专利”作了规范界定,然而并没有对“国防专利权”进行规范地表述。本书对国防专利权是理论界定,而不是规范的法律条文界定。

法律的强制性保护。产权是由政府强制和市场强制所形成的两方面相互统一的权利。而国防专利权必须经过法律授予才能获得,没有法律规范,就没有国防专利权。因此,法律是国防专利权存在的前提①。

(4)权利性质不同。国防专利产权是经济性权利,包括归属权、使用权、收益权和处分权。这种分类是基于对产权外延分析的基础上得出的。国防专利产权是围绕对国防专利的利用而形成的经济权利束。国防专利权是国防知识产权的一个类别,具有国防知识产权的双重性特征,其包涵人身性权利和财产性(经济性)权利。人身性权利是与国防专利权人的人身密切相关的权利,如署名权、标记权、修改权等。

二、国防专利产权制度

在众多经济学流派中,真正从一般意义上讨论过制度含义的是制度经济学家。凡勃伦是旧制度经济学家中最早给制度下一般定义的人。1899 年他将制度定义为:"制度实质上就是个人或社会对有关的某些关系或某些作用的一般思想习惯;而生活方式所构成的是,在某一时期或社会发展的某一阶段通行的制度的综合,因此从心理学的方面来说,可以概括地把它说成是一种流行的精神态度或一种流行的生活理论。"[72]在凡勃伦看来,制度无非是指导个人行为的各种非正式约束。康芒斯[73]认为:制度是集体行动控制个体行动。集体行动有两种基本形式:一是组织起来的集体所进行的交易活动;二是个体行动者之间所形成的互动过程。两者对个体行动具有控制、解放和扩张的作用。西奥多·W. 舒尔茨[74]认为:制度是一种行为规则,这些规则涉及社会、政治及经济行为。柯武刚、史漫飞[75]认为:制度是由人制定的规则,它们抑制着人际交往中可能出现的任意行为和机会主义行为。诺思是新制度经济学家中对制度下定义最多的,诺思[76]认为:制度是一系列被制定出来的规则、守法程序和行为的道德伦理规范,它旨在约束追求主体福利或效用最大化利益的个人行为。制度或者来源于传统习

---

① 阿尔钦认为,产权是现实生活中人们运用资源的权利,这种权利不仅是法律规定的,还受到习俗和自我约束的影响,法律意义上的产权并不是决定性的,更重要的是人们在日常生活中真正得到的权利。

惯,或者来自于法律约束力,“社会游戏规则”是诺思对制度的简要总结。诺思认为制度类似于一个竞争性运动队中的游戏规则,是一系列正式规则(如法律法规、政策条例、规定办法)与非正式规则(如风俗习惯、伦理道德、价值观念、意识形态)的互动络。拉坦[77]认为:一种制度通常被定义为一套行为规则,它们被用于支配特定的行为模式与相互关系。林毅夫认为,制度是被设计出来以帮助人类对付不确定性和增加个人效用的手段。制度,无论是市场的,还是非市场的,都可以提供有用的服务。何自力[78]认为:制度的形成和发展都是服务于人的,是人在不确定的环境下达到既定目标的手段。制度是规范人的行为的一套规则。卢现祥、朱巧玲[79]认为,制度有两层基本涵义:①制度是行为规则,它决定了社会主体在社会生活中可以选择的行动方式;②制度是人们结成的各种经济、社会、政治等组织或体制,它决定着一切社会经济活动和各种经济关系展开的框架。

以上解释尽管角度不同,但都存在一个共同点:制度是一种规范人的行为的规则。这里有两个问题需要澄清。①组织本身不属于制度的范畴①。组织机构往往是具体的,组织是在基础规则即制度的约束下,为实现一定目标而创立的团体。制度类似于比赛规则,而组织是运动员在该规则下为赢得比赛胜利,把其策略和技能加以组织或模型化的方式[80]。②虽然制度经济学家根据不同的标准对于制度进行过不同分类②。作者更倾向于从正式制度和非正式制度的角度对制度进行分类。同时,本书认为的制度仅指正式制度而不包括非正式制度。

基于以上对国防专利产权的界定和对制度内涵的梳理和归纳,作

---

① 在制度经济学家中,组织是不是制度的问题一直存在分歧。认为组织属于制度范畴的主要代表有康芒斯、舒尔茨、拉坦等。认为组织不属于制度范畴的主要代表有诺思、柯武刚和布罗姆利等。

② 新制度经济学家根据不同的标准,对制度进行过分类。舒尔茨根据制度的功能进行分类,认为制度包括用于降低交易费用的制度;用于影响生产要素的所有者之间配置风险的制度;用于提供职能组织与个人收入流之间的联系的制度;用于确立公共品和服务的生产与分配的框架的制度。柯武刚和史漫飞根据制度的起源把制度分为内在制度和外在制度。卢瑟福根据是否具有广泛意义把制度分为个人规则和社会规则。黄少安根据在整个制度结构中的重要程度将制度分为生产资料或生产要素所有制、产权制度和资源配置的调节机制等。(袁庆明. 新制度经济学[M]. 北京:中国发展出版社,2005:241－243.)

者认为,国防专利产权制度是规范在国防专利创造、运用、保护、管理活动①中所产生的产权关系的正式制度安排的总称。

正式制度是国家或者某个组织以成文的形式确立的,受到国家或组织的强制力保障实施的行为规范。具体形式可以呈现为法律、法规、政策、条例、规定、办法等。按照正式制度的种类划分,国防专利产权制度大致可以分为三种类别:第一种,与国防专利产权相关的法律性制度,如《专利法》《科技进步法》《国防专利条例》《关于国家科研计划项目研究成果知识产权管理的若干规定》等;第二种,与国防专利产权相关的政策性制度,如《国家知识产权战略纲要》《国家创新驱动发展战略纲要》《国务院关于新形势下加快知识产权强国建设的若干意见》等;第三种,某些组织制定的与国防专利产权相关的内部制度或契约。本书侧重研究前两类国防专利产权正式制度的效率问题。

第二节　交易成本与制度效率的衡量

效率(Efficiency)是指投入与产出或者成本与收益之间的对比关系。这里的投入与成本是利用科学技术生产一定产品所需要的生产要素,包括投入的人力资源和非人力资源;产出或者收益是能够为人们提供满足的有用物,从经济的角度看,人们的满足即效用。基于对效率的基本判断,制度效率可以认为是制度投入与制度产出或者制度成本与制度收益之间的对比关系。理论界对制度效率的研究经历了一个由制度外向制度内的转化过程,由于观测视角的不同,学者们衡量制度效率的方法也有所不同。

一、不同视角的制度效率分析

观测视角1:从成本收益的角度来衡量制度效率。基于制度效率的内涵界定,通过比较制度制定和运行的成本以及带来的收益来衡量

---

① 《国家知识产权战略纲要》中明确了国家知识产权战略要实行激励创造、有效运用、依法保护、科学管理的方针,包括创造、运用、保护和管理知识产权四个方面的内容。作者也是按照这样的思路定义国防专利产权的。

制度效率。运用新古典理论的成本－收益法,将制度看作一种产品,通过衡量制度成本和制度收益判断制度效率,并认为制度是否有效率就要看制度收益是否大于制度成本。

观测视角2:从制度结果的角度来衡量制度效率,即通过制度运行给予外部经济带来的增长幅度来界定制度是否有效,能否产生效率。例如,诺思和托马斯在《西方世界的崛起》一书中认为制度效率是一个国家国民生产总值的增长。把长期内保持更高的GDP增长率的制度视为是比其他制度更有效率的制度。有些研究者对制度结果甚至作了扩展理解,认为制度结果不仅仅是对经济的影响,还应当包括对整个社会其他方面的影响。作者认为,从制度结果来看,不能仅局限于经济的增长,不同领域的制度其作用的侧重点不同,因此从制度结果衡量制度效率时,应将其结果的内容进行扩展。

观测视角3:从制度本身的角度来衡量制度效率。何自力认为,判定制度是否有效的标准应当满足"四性",即一般性、确定性、开放性和统一性[81]。袁庆明(2003)从制度类型出发,将制度效率分为制度安排的效率和制度结构的效率;柯荣住(2004)从时间过程出发,将制度效率分为事前效率、事中效率和事后效率;谢瑞平(2008)从制度对行为作用的角度,创建并定义了一个可以计量的效率——制度行为效率,将制度效率分为制度系统的行为效率和单项制度的行为效率进行研究;赵德起(2008)从制度内部要素出发,从国家、产权、契约、交易成本四个方面分析制度效率。阿兰·斯密德从制度结构的角度提出了SSP范式,认为制度结构是影响制度效率的关键因素。

作者认为,①对制度效率的界定可以建立在效率概念的基础上,制度效率是指制度成本与制度收益或者制度投入与制度产出之间的对比关系。②根据研究视角的不同,制度效率可以从内部和外部两个角度进行衡量。制度的内部效率从关注制度本身出发,通过不同的层面研究制度效率。制度的外部效率从关注制度结果出发研究制度效率。③对于制度效率的研究应当具有开放性,可以采取不同的分析路径和研究方法进行展开。例如,可以通过制度要素分析制度效率,可以通过制度行为分析制度效率,可以通过制度结构分析制度效率,也可以通过制度作用分析制度效率等。每一种不同的分析路径,都能从一个方面反映制度的运行效率状况，也反映了所选取的因素与制度效率之间的逻辑联系。④成本－收益法是衡量制度效率的一种方法，除此之外，可以根据研究视角的不同，选择不同的测算方法。⑤制度外部效率可以分为广义和狭义来理解。广义的外部效率是通过制度对社会各个方面的影响效果来衡量，狭义的外部效率仅仅通过经济绩效来衡量。从制度作用研究制度效率时，可以自由选择和假定制度的作用域。

二、交易成本与制度效率的逻辑关联

（一）制度效率的一般测算模型

按照前文所述，制度效率是制度成本与制度收益之间的对比关系。它的数值表达式可以为

$$\text{制度效率(SE)} = \frac{\text{制度收益(SI)}}{\text{制度成本(SC)}}$$

制度成本（SC）是制度产生及实施运用过程中发生的费用支出，主要包括制度制定[①]过程中发生的成本（FC）和制度实施过程中发生的成本（IC）。制度的制定过程是制度和其存在环境之间相互作用的过程，也是深度调查分析、梳理凝练的过程。制度制定成本包括制定前的设计、调研等成本和制定时的组织、界定等成本，此过程中会花费制定主体人力、物力、财力等资源。制度的制定成本是相对于制度供给者而言的。制度实施过程中发生的成本是制度在整个运行过程中发生的所有费用支出，主要包括制度实施前的宣传、培训等成本以及实施过程中组织、执行等成本。制度实施过程中的成本是相对于制度的所有接受者而言的，实际上就是制度的交易成本（TC），即 IC = TC。于是

$$\text{制度成本(SC)} = \text{制度制定成本(FC)} + \text{制度交易成本(TC)}$$

制度收益（SI）是制度运行实施后所产生的各种收益和好处。这些收益和好处包括：对经济的促进作用，提高了生产效率和国民生产总值；对社会稳定的贡献，降低了案发率、提高了审案效率；对精神文明程

① 这里的“制定”做广义理解，既包括制定一个之前没有的制度，也包括对原来已有制度的修订完善。

度的提升，社会更加和谐友爱、公平正义等。为了研究的方便，设定制度收益简化地包括经济收益(EI)和非经济收益(NEI)。于是

制度收益(SI)＝制度的经济收益(EI)＋制度的非经济收益(NEI)

进而

$$\mathrm{SE}=\frac{\mathrm{EI}+\mathrm{NEI}}{\mathrm{FC}+\mathrm{TC}}$$

(二)交易成本是衡量制度内部效率的关键因素

根据对制度效率一般测算模型的分析，作者认为，对制度效率进行测算在理论上是可能达到的。但就实际操作而言，又是难以量化的。因为制度的非经济收益包括的范围广泛，内容庞多，理论界对此没有一个相对系统和完善的指标体系和评价标准。这些收益和好处能够被人们感知，但是无法精确计算。这就意味着，要想完整得出制度效率的数值是非常困难的。既然难以获取制度效率的绝对量，那么，可以从相对量的角度衡量制度效率。

根据制度效率的一般测算模型，衡量制度效率有两种方法：①假定制度收益不变，选择制度成本相对低的制度更富效率；②假定制度成本不变，选择收益相对高的制度更富效率。

首先，当假定收益不变的情况下，那么制度效率取决于制度的制定成本和交易成本。这里又可以分为几种情况。①对于已经成立的制度而言，制度存在是一种客观状态，那么此时FC是既定不变的，而制度运行中的TC是可变的。这种情况下，只需考虑减少TC就可以提高制度效率。②对于同一内容的不同制度方案而言，由于制定者需要在不同的制度方案中选择其中一种作为制度正式施行，因此需要对不同的制度方案的效率进行对比。这些制度方案通常是在同一时期制定的，因此在制定程序、制定难度等方面相类似，也就意味着不同制度方案在制定成本之间的差别可以忽略不计。那么不同制度方案之间的比较就可以简化为TC之间的比较。结论：当假定收益不变时，交易成本是衡量制度效率的关键因素。

其次，当假定成本不变的情况下，那么制度效率取决于制度的经济收益和非经济收益。依据前文所述，非经济收益是能够感知但无法精

确量化的因素，而经济收益是可以通过选择一些指标数据进行量化计算的，因此，作者认为，经济收益是衡量制度效率的关键因素。结论：当假定成本不变时，经济收益是衡量制度效率的关键因素①。

根据前文所述，制度的内部效率是从关注制度的本身出发，更加注重制度本身的成本问题。制度的外部效率是从关注制度的结果出发，更加注重制度所产生的效果。结论：交易成本是衡量制度内部效率的关键因素，经济收益是衡量制度外部效率的关键因素。

（三）制度交易成本的界定

1. 关于“交易成本”的代表性观点

“交易成本”这个范畴是罗纳德·科斯在1937年发表在《经济学》杂志的《企业的性质》一文中首次提出的。但是，科斯并没有对交易成本进行严格的定义，他在运用交易成本思想时通常是举例说明。科斯提出交易成本范畴的直接目的在于论证企业作为一种参与交易的组织单位，其经济作用在于把若干要素所有者组织成一个单位参加市场交换，从而减少市场当事者数目，减轻交易摩擦，降低交易费用。科斯运用交易成本理论解释企业的性质。企业是微观经济活动的基础和主要主体，科斯称其为“经济分子”[82]。企业之所以要存在，就在于它能够降低交易成本。科斯认为的交易成本包括信息搜寻、谈判、签约、履约等成本。

阿罗是第一个使用交易成本术语的作者。他认为，交易成本是经济系统运行的成本[83]，它包括市场配置、企业配置以及政府配置时的运行成本[84]。

阿尔钦、德姆塞茨将交易成本理论运用于对产权制度的分析中，认为交易成本就是产权交易的成本[85]。团队生产中交易成本的衡量问题是选择企业而不是市场组织的关键[86]。

张五常将交易成本定义为制度运作的成本，由于资源是稀缺的，竞

① 也有观点认为，制度收益是制度带给在制度环境中的每个接受者的效用之和。单个人对它的效用的价值取向尽管很难说是一致的，但是每个人都将接受它，也受到等量的约束，都起到交易环境的作用，制度效率中效用的接受方是既定的，即提供给每个交易者的效用基本上是等价的，那么效率评价就可以从成本方面来衡量，而成本是可以计量和比较的。这种观点虽然与作者的论述过程不同，但是殊途同归。

争不可避免,无制度约束的竞争会导致租值消散①。制度就是各种各样的产权结构和契约安排的统称。张五常的交易成本不仅包括各类资源配置方式带来的成本,还包括正式和非正式制度规则运行的成本[87]。

威廉姆森从契约与治理的角度分析组织问题,认为节省交易成本的努力是市场经济中组织结构和组织行为产生与变化的决定因素[88]。他从契约的角度,将交易成本分为事前的交易成本和事后的交易成本。事前的交易成本是事先规定交易双方的权利、义务和责任所需要花费的代价,这种代价的大小与某种产权结构的初始清晰度有关。事后的交易成本是指交易发生之后的成本,包括更改契约的成本、违约成本、监督履行成本以及解决冲突成本等[89]。

诺思用交易成本的理论分析制度问题,解释了制度对经济发展的影响。他认为制度的作用之一就是降低人际交往中的不确定性,进而降低交易成本。诺思将总成本分为生产成本和交易成本。制度和技术是影响总成本的两个关键要素,两者的共同作用决定了总成本的大小。交易成本分为衡量成本和实施成本。衡量成本是评定交易物价值的成本以及保护权利的成本,实施成本是监督和实施契约的成本。

巴泽尔从产权的角度分析交易成本,认为交易成本是产权交换、获得和保护的成本。由于存在交易费用,因此产权的完全界定是不可能的。实际的产权界定是在现实交易过程中选择适当的契约来实现的。

马修斯认为交易成本包括事前发生的成本和事后为达成一项合同而发生的成本以及事后为监督、贯彻该合同而发生的成本。它区别于生产成本,即为执行合同而发生的成本[90]。在这种定义看来,交易成本就是实施一个合约的成本。

2. 制度交易成本

通过上文对于交易成本理论发展以及代表性观点的描述和梳理,作者认为,交易成本从其本身的含义来看,它的范围很广,它是以交易

① 租值消散理论是当代产权经济学重要的理论之一。它的核心思想是:本来有价值的资源或财产,由于产权安排方面的原因,其价值(租金)下降,乃至完全消失。

为分析单位,既包括不同资源配置形式下的各种交易,也包括不同制度(正式制度和非正式制度)形式下的各种交易,还包括不同契约(显性契约和隐性契约)形式下的各种交易等。从这种广义的角度来看交易成本时,它是包涵制度成本的。而狭义的交易成本是市场中的主体①之间进行交易时所产生的成本,主体之间进行交易的载体可以是显性契约,也可以是隐性契约。狭义的交易成本与制度成本之间是交叉的关系。本书所研究的制度交易成本是制度成本与狭义的交易成本之间的交叉部分,如图 1-1 所示。

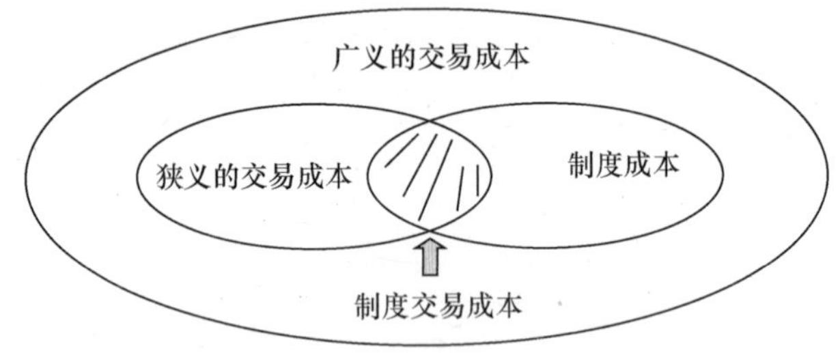

图 1-1　交易成本与制度成本的关系

如图 1-1 所示,本书研究的交易成本是在制度实施过程中各个主体之间发生交易时所产生的成本。作者认为制度运行的路径可以描述为"主体-规则-契约"。主体作为制度的构成要素,是制度中最活跃的因素,制度的运行主要由其推动与参与实施。规则是静态的制度安排,将静态的制度安排叠加主体的因素,才会转化为动态的制度运行。制度运行最终需要一系列众多的契约来完成。制度与契约相比,具有抽象性和一般性,而契约可以针对具体的交易内容来订立,具有具体性和针对性。契约是制度运行的落脚点。通过分析制度运行的路径,作者认为,本书所研究的交易成本包括构建适格主体的成本、普及规则的成本以及契约成本三个部分。契约成本又包括签订契约前搜集信息、选择交易方、选择交易模式等所花费的成本,也包括签订契约时的谈判、拟定合约等花费的成本,还包括履行契约时因为违反合约、更改合约、监督履行、解决冲突等所花费的成本。

① 这里的"主体"具有相对独立性,可以包括政府、企业、个人以及其他经济组织。

三、交易成本的增加与制度效率的变化

制度的产生、发展过程与任何事物的发展变化过程一样,也具有生命周期性。制度效率的“生命”曲线类似于生物体的生命曲线。制度效率曲线先增长上升,到达顶点后,会随着存在时间的递增而出现下降递减的趋势。一般来说,制度效率先递增后递减[91]。

任何制度都是产生于一定的环境,由一定的生产力状况和技术水平决定的。制度与其最初产生的环境需求最为匹配,随着时间的推移,制度外在环境的各个因素不断调整变化,与静态的制度供给之间出现偏差。如果不对制度做相应的改变和调整,制度效率必然下降。具体原因如下。①从制度的供给来看,制度是由人制定的,人具有有限理性;同时,在制定制度时应当考虑制定成本问题,因此,制度最初的状态是有限制的有效,这些限制包括人的有限理性和制度制定成本的有限性。制度的“有限制的有效”为制度变迁提供了存在空间,当通过制度改进获得的收益大于其成本时,制度变迁就会延续。然而,制度作为一种“共用品”,同样也遵循“边际成本递增”规律,一旦制度变迁的成本等于其收益时,制度效率就到达一个顶点,制度变迁便不再进行。随着生产力的提高和环境的变化,制度还是“以不变应万变”,就会出现效率下降的趋势。②从制度的需求来看,制度作为一种公共品,也是被需求和被消费的,对于制度的消费过程,也是符合边际效应递减规律的。这种边际效率递减规律是建立在人体的神经元对外界刺激反射强度随着刺激次数的增加而递减的生理规律基础上的[92]。新制度会产生新的刺激,而这种刺激会随着刺激次数的增加,导致人体神经系统反应强度的逐步下降,制度会逐渐丧失新鲜感,边际效应也会逐渐下降。③制度市场是带有一定垄断性的市场。国家对于制度的供给具有一定的垄断性,国家(统治者)本身也有其偏好和理性。因此,有效制度并非必然自动代替或更换无效或者低效的制度的。

按照制度效率的一般测算模型:

$$SE = \frac{EI + NEI}{FC + TC}$$

制度从制定完成后,FC 是不变的(沉没成本),时间对其没有影响。但

是随着时间的推移,TC、EI、NEI 三个量是有变化的。TC 会随着时间的推移越来越大。因为制度制定出来之后,需要将制度加以推广适用,在此期间可能面临对旧制度习惯的遵循和对新制度的心理抵制,需要一定的组织和宣传成本;同时,随着客观环境的变化,可能出现新情况、新问题,这些情况并不在制度最初的设计框架内,制度没有关于新情况的处置模式,那么在交易过程中,交易双方没有可以遵循的交互规则和做法,交易时需要谈判讨论的成本会更大。EI 和 NEI 会随着时间的推移先增加后减少。因为在制度制定最初时,社会对新制度的认知与接纳需要一段时间,制度与社会本身也需要进一步融洽,随着两者融洽程度的提高,制度收益慢慢上升,制度效率也随之提高。当制度被社会普遍接纳,运行良好时,制度收益会达到最佳状态,制度效率也到达顶点。此后,由于社会现实不断丰富和发展,新的问题慢慢增多,制度与环境之间的偏差越来越大,相应的制度收益越来越小,制度效率越来越低,因此如果不改变或调整制度,那么制度对社会的作用就会越来越弱。这种关系可以通过图 1-2 来表示。

如图 1-2 所示,当制度制定出来尚未运行时,制度的初始成本为制定成本,交易成本 TC=0。新制度与旧制度相比具有先进性,更加符合客观现实需求,因此新制度制定出来时,其制度收益大于制度成本,即 $SI_0>FC$,制度效率 $SE_0>1$。随着制度运行时间 T 的推移,新制度的内容逐渐普及,与之相配套的机构逐渐完善,人们对新制度逐渐接纳,新制度的理念与模式逐渐被熟练运用,那么新制度的作用就会慢慢发挥,制度收益慢慢增长。当到达 T_1 时,制度收益(SI)与制度成本(SC)的差额最大,制度的净收益最大,SC 与 SI 对应点的斜率一致,即制度的边际成本(MC)=制度的边际收益(MR),此时,制度发挥的状态最佳,制度效率(SE_1)最大。随着制度运行时间 T 的进一步延长,制度运行环境与制度制定的初始环境的偏差越来越大,T_2 时的制度环境与初始环境的偏差大于 T_1 时的制度环境与初始环境的偏差。制度成本逐渐递增,制度收益的增长幅度逐渐递减。M 是 SC 曲线与 SI 曲线的交点,在 M 点时,SC=SI。在 M 点的右侧,SI<SC。这就意味着,M 点是制度变迁点。在 M 点时,$SE_2=1$,SI-SC=0,制度的净收益为零。此时,制度需要做出调整,否则制度的净收益将会为负。M

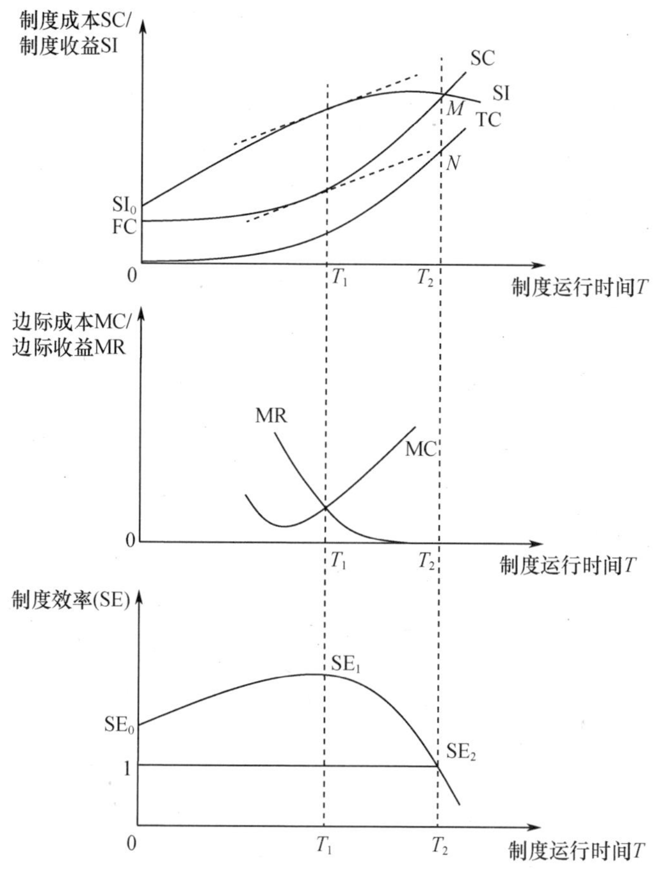

图 1-2 制度成本、制度收益与制度效率的关系

点对应在 TC 曲线上是 N 点,也就是当 TC 在 N 点时,制度需要变迁。结论:当 SI > SC, SE > 1 时,制度是有效率的;当 SI < SC, SE < 1 时,制度是无效率的;当 SI = SC, SE = 1 时, SC 的 M 点, TC 的 N 点是制度变迁点。

四、国防专利产权制度的交易成本

鉴于上文对制度交易成本的分析,国防专利产权制度的交易成本可以通过图 1-3 表示。

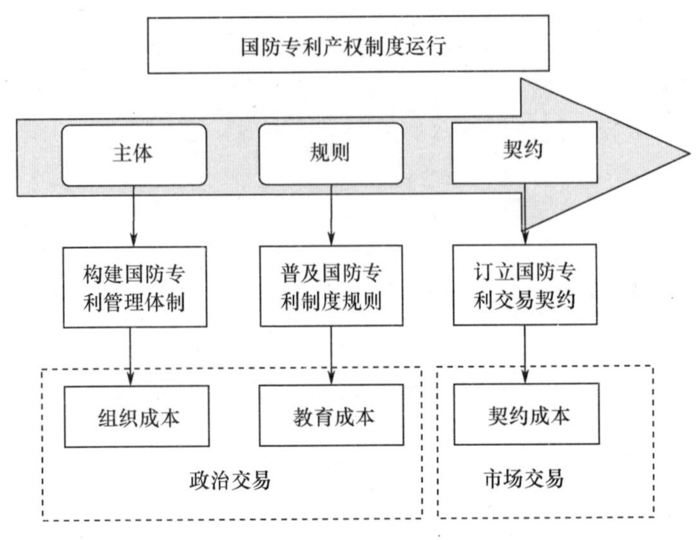

图 1－3　国防专利产权制度的交易成本

按照“主体—规则—契约”的制度运行路径,在国防专利产权制度运行过程中,需要构建适格主体、普及制度规则和订立交易契约。具体来说:首先,需要构建国防专利管理体制(组织成本),包括设立国防专利主管部门,理顺管理体制,完善其职能,成立负责国防专利纠纷的处理机构等事务花费的成本;其次,需要普及国防专利制度规则(教育成本),包括向广大群众宣传国防专利法律法规,进行专业人才培养,培育维护国防专利的法治氛围和思维意识等花费的成本;再次,需要订立国防专利产权契约(契约成本),包括签订契约前对国防专利产权信息的搜集、选择交易方、选择交易类型和模式等花费的成本,签订契约时进行有关方面的谈判、讨价还价、拟定合约等花费的成本,以及履行契约时监督履行、解决冲突等花费的成本。在这里,组织成本和教育成本属于政治交易成本。一般来说,政治背景的形成以及公共品的供给都是有成本的。政治交易成本就是通过集体行动来供给公共物品的成本。契约成本属于市场交易成本。市场交易成本就是市场交易过程中进行谈判、签约和履行合约的成本。

第三节　制度功能与制度效率的分类

本书选择制度功能的分析视角来研究制度效率问题。那么,择选与凝练制度的功能是展开研究的必要前提。

一、制度功能的设置

(一)关于“制度功能”的不同表述

关于制度的功能,许多制度经济学家都从不同的角度进行了揭示。

科斯发现了交易费用,认为企业代替市场的原因在于其节省了交易费用,因此,降低交易费用是制度的一项重要功能。

德姆塞茨重点分析了产权制度的功能,他认为“产权是一种社会工具,其重要性就在于事实上它们能帮助一个人形成他与其他人进行交易时的合理预期”[93],以及“引导人们实现将外部性较大地内在化的激励。”[94]

舒尔茨将为经济服务的制度根据功能划分为几个类型:①用于降低交易费用的制度;②用于影响生产要素的所有者之间配置风险的制度;③用于提供职能组织与个人收入流之间的制度;④用于确立公共品和服务的生产与分配的框架的制度[95]。

诺思强调了制度的激励功能,在他看来,经济增长主要取决于制度的激励和保障。制度通过规则体系建立社会秩序,可以降低交换中不确定性,并为经济行为的绩效提供激励。

柯武刚和史漫飞[96]认为制度的功能包括:①使复杂的人际交往过程变得更易理解和更可预见;②保护个人自主领域;③缓解个人间和群体间的冲突。

汪丁丁[97]认为,制度通过人类理性的积累和筛选成为协调人们分工的知识载体。制度的功能在于将约束人的有限理性的作用降到最小,保护交易免受机会主义风险影响。

李志昌[98]认为制度实际上是一个控制系统,“控制”是制度的核心。制度直接作用于人的行为,制度的功能就是影响和改变人的行为,应当从“趋利避害”的人性出发设计制度。制度的基本功能包括激励、迫使和禁止。

何自力[99]认为，制度的功能包括：①为人际交往确定规范，减少不确定性和复杂性，增强人们对未来的信心和彼此之间的信任；②激发人的企业家精神和创新精神；③保护个人自由；④防止和化解冲突。

张宇燕[100]在论述制度起源问题时，详细分析了制度功能。他认为，制度的功能包括：①减少外部性；②带来规模效益；③带来（非）中性制度效益；④获得比较利益；⑤降低交易成本；⑥对离经叛道行为的惩罚；⑦减弱不确定性。而上述具体功能又从属于“提供刺激（正向或反向）”和“提供有限及有效信息，使预期成为可能”两种核心功能。

卢现祥[101]在分析思路上与其类似，只是在对制度具体功能的表述上稍有差别，他认为制度的具体功能包括：①降低交易成本；②为经济提供服务；③为合作创造条件；④提供激励机制；⑤外部利益内部化；⑥抑制人的机会主义行为。

袁庆明[102]认为，制度最核心的功能是给市场经济中的经济人提供激励与约束，而这一功能的发挥是通过一些具体的途径（也就是由制度的核心功能衍生出的具体功能）实现的，具体包括：①抑制人的机会主义行为；②提供有效信息；③降低不确定性；④降低交易费用；⑤外部性内部化。

（二）不同视角的制度功能

1. 从制度起源看制度功能

制度起源是新制度经济学所要探讨的一个重要问题，制度起源理论实质上就是回答为什么存在制度，或者说制度产生的根源是什么。博弈论研究表明，当囚徒困境模型多次重复以后，双方会从不合作均衡走向合作均衡。制度是多人博弈的均衡解。科斯的制度起源理论从对企业制度起源的探讨揭示了交易费用与制度形成之间的内在联系，交易费用的存在必然导致制度的产生，制度的运作又能够节省交易费用。诺思的制度起源理论认为，人类是从简单的交换形式发展到非个人交换形式，在非个人交换形式中，交易极其复杂，交易的参与者很多，信息不完全或不对称，欺诈、违约、偷窃等行为不可避免，制度此时应运而生，制度在于规制人们之间相互关系，减少信息成本和不确定性，把阻碍合作得以进行的因素减少到最低程度。罗伯特・考特和托马斯・尤仑构造了一个关于财产制度起源的思想实验，得出的结论是：由社会建立起一套防御侵占土地的大规模武力系统比建立许许多多小规模的私人武力系统具有规模上的经济效应，由此推论国家在建立产权保护体系方面是最有优势的组织。“从无规则到有规则的出现，是人类社会从‘自然状态’转变到‘市民社会’的关键所在。‘合作剩余’的大小是衡量制度效率的重要指标”[103]。

2. 从制度创新看制度功能

制度规范着人们的行为方式、社会秩序，并进而对社会走向产生影响。制度创新意味着新制度在某些功能上有优于旧制度的地方。创新制度应当从以下四个方面入手：①合理产权安排。产权构成了制度安排的基础，符合“所得应依据付出来衡量”原则的产权制度安排一般会扩大社会福利的总量，但强势群体的利益是否与产生这一结果的产权安排相一致，在短期内往往会左右社会福利的增量，并对整体制度变迁产生影响。在制度变革中，让出一部分社会资源的产权以供强势群体寻租，可以降低制度变迁的摩擦成本，有利于制度的顺利进化。②降低交易成本。降低交易成本是有理性的经济主体的合理选择，在特定的制度与组织体系内，经济主体趋利避害的本性会促发他们寻找并利用制度和组织的缺陷来实现其效用的最大化。降低交易成本是制度变迁的基本要求。③规范游戏规则。好的制度会激发社会的活力，纯净社会氛围，增加社会财富，促进社会公平。④重构组织体系。组织的内在功能往往是由其所构成的制度的性质决定的，并为该制度的巩固服务。制度的作用的发挥以及由该作用生效后产生的社会迹象反过来影响制度的走向，都是通过组织这一媒介来传递信息的。组织的框架安排与性质会通过对信息传递的不同过滤方式来达成组织的目标并进而影响社会进程[104]。

3. 从经济假设看制度功能

经济活动是在资源稀缺的环境中为了满足人们的需要，并在人们的相互关系中展开的。因此，人的行为特性和环境的特定对于制度功能的发挥有着始发性的影响。关于的人的行为的经济假设包括：①追求自身利益；②需求偏好的多样性；③有限理性；④机会主义倾向。关于环境的经济假设包括：①资源稀缺性；②机会成本；③规模经济；④资产专用性;⑤复杂性和不确定性。当某种行为假设与某种环境假设结合或“相遇”时,会产生某种或某些特定的经济问题,这就需要制度具有特定的功能去解决它们。根据这种分析思路和方法,制度功能就被归纳为激励、配置、保险和约束四个方面的功能[105]。

(三)制度功能的择选与凝练

不同的学者从不同的角度对制度功能进行了阐释,由于本书的制度效率分析是建立在制度功能的基础上的,因此,需要对制度功能进行选择和凝练。作者认为,在对制度功能进行选择和分类时,应当考虑这些因素:①制度最初出现时所具备的功能。通常这些功能是制度存在的理由,也是制度的最基础、最本源的功能。②对于制度功能的概括应宽窄适当。不宜过宽,过宽则不利于进一步地细致分析;不宜过窄,过窄则可能割裂制度之间本身的联系,缺乏系统性和整体性。③处于同一序列层次的制度功能之间不能存在包含与被包含的关系。如果制度功能之间存在包含与被包含的关系,那么两者则是上下层次的关系。④处于同一层次的制度功能从整体上看,组成了制度的完整功能,单项看又体现了不同的侧重点。

根据择选标准和上文的分析,作者认为,节省交易费用是制度的本源性功能,也是制度产生后最直接的功能。制度的基本功能可以分为配置功能、激励功能、约束功能和保险功能。

第一,节省交易费用是制度的本源性功能,无论制度具体发挥哪一种基本功能,都可以表现为交易费用的降低,也就是说,在制度的四项基本功能中都涵盖了节省交易成本。“节省交易成本”是从交易成本的角度对制度功能的概括,既是制度产生的原因,也是制度变迁的推动力量。第二,制度的四项基本功能能够将制度的全部功能所涵盖。通过设置权利义务将外部性内部化可以包含在配置功能中;提供激励机制、获得比较利益可以包含在激励功能中;对离经叛道行为的惩罚、防止和化解矛盾可以包含在约束功能中;减少复杂性和不确定性、抑制机会主义行为可以包含在保险功能中。第三,制度的四项基本功能各有侧重,组成了完整的制度功能体系。四项基本功能有其各自相对独立的内涵,相互之间没有包含与被包含关系;同时,四项基本功能能够将制度所有的功能覆盖完全。第四,制度对于经济的促进作用是建立在制度四项基本功能之上的派生结果,具有抽象性和总体性,应当在制度运行的结果环节①。第五,制度运行的流程:制度通过基本功能的发挥,改变相对价格,进而导致个人偏好与选择的形成,之后由人按照偏好和选择采取行动,最后产生制度结果。制度功能与制度结果的关系如图1-4所示。

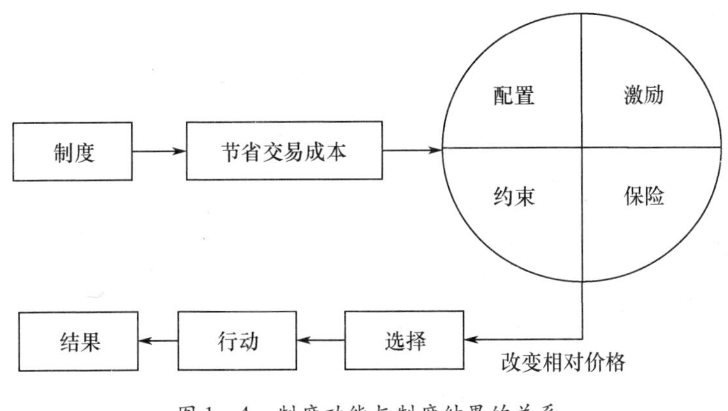

图1-4 制度功能与制度结果的关系

二、产权制度各功能的释义及联系

(一)产权制度的具体功能

1. 配置功能

配置功能也可称为资源配置功能。经济学中将资源配置最优用帕累托最优表示。在资源稀缺的初始条件下,如何将有限的资源在各个主体间进行合理的配置,充分发挥资源的有效性。产权制度的配置功能,是以一定的配置目标为指引,将产权作为待分配资源在各个主体之间进行配置。产权安排直接影响形成资源配置状况或驱动资源配置状态改变或影响对资源配置的调节。第一,相对于无产权或者产权不明晰状况而言,设置产权本身就是一种资源配置。通过设置明晰的产权,能够减少资源浪费,提高经济效率。第二,产权的变动同时改变资源配

① 有观点认为制度带来规模效益、带来制度效益,应划为制度的功能,作者认为它们是建立在基本功能之上的派生结果,是制度对于经济的促进,从制度运行的结果中体现出来。

置状态。这包括产权资源在不同主体之间的配置以及改变资源的流向和流量,从而改变资源的分布状况。第三,产权状况影响甚至决定资源配置的调节机制。高度集中的产权状况决定资源配置的计划调节,分散的、多元的产权主体状况决定资源配置的市场调节。

2. 激励功能

产权制度的激励功能就是产权制度具有使人从事某种活动的内在推动力。产权包括权能和利益两个不可分割的方面,任何一个主体,获得产权中的权能,不仅意味着他有权做什么,而且界定了他得到了相应的利益,或者有了获取相应利益的稳定的依据或条件。有效的激励就是充分调动主体的积极性,使其行为的收益或预期收益与其活动的数量和质量或者与其努力程度相一致。界定了产权就能使产权主体为了自己的相应利益而努力行使产权权能。产权的激励功能体现为两个方面。①权能的赋予。权能的赋予要与产权形成的贡献率有关,与主体的努力程度相联系。②利益的分配。利益的分配是建立在权能分配的基础上的,是激励功能的落脚点。

3. 约束功能

激励与约束,对于经济活动主体来说,是相互联系的两个方面。约束是一种阻止或限制主体的行为的逆向力。产权的约束功能体现为两个方面。①对产权主体的约束。产权具有有限性,任何产权和权能都是有边界的,产权主体需要在产权本身的空间范围内行使,否则便越权,需要承担相应的代价。同时,产权本身的运行也会受到一些约束和限制,产权主体需要遵循这些限制。②对外部主体的约束。产权代表的是以物为载体的人与人之间的关系。非产权主体应当尊重产权主体对物的权利,不能随意侵犯,否则会受到惩罚。

4. 保险功能

制度的保险功能似乎不像前几项功能那样为人们所关注,它是指制度通过借助某些形式将人们面临的制度风险进行转移或者减弱,以便使人们形成对行为结果的相对稳定的预期。人的有限理性以及环境与人们相互关系中的不确定性和复杂性是导致制度风险以及保险必要性的基本因素。如果人具有无限理性,不确定性和复杂性不足以成为导致风险的原因;如果环境与人们的相互关系是简单和确定的,即使人的理性有限,也是能够把握的。

（二）各功能之间的相互关系

产权制度的各个功能之间相互联系,共同作用,组成相对系统完善的产权制度功能体系。产权制度各个功能中,配置功能是基础,激励和约束功能是核心,保险功能是保障,具体如下:

（1）配置功能是基础。产权总是客观地具有资源配置的功能,而这种功能是否优良是人们的一种带价值取向的评价问题。也就是说,无论是什么样的产权制度,产权都进行了分配,都具有资源配置的功能,只是由于价值取向不同,对于经济的促进以及配置效率不同而已。

（2）激励和约束功能是核心。激励和约束是相对应的两个方面:产权制度通过激励,使个人收益与社会收益的方向尽可能趋同,使人们从事合乎社会需要的活动,既满足个人需要又极大化促进经济的发展;产权制度通过约束,使产权得到更规范的行使,受到更好的保护。

（3）保险功能是保障。保险功能是对制度风险进行减弱和消灭的功能,也更好地保障了制度其他功能的实现。

（4）产权制度的基本功能之间的关系是就产权制度的整体而言的,细化到某一种具体制度,其发挥作用的侧重点有所不同,相互之间的关系会有所调整。

三、国防专利产权制度效率的衡量

（一）制度功能与制度效率的辩证关系

制度功能与制度效率之间的关系可以表述如下。第一,制度功能可以反映制度效率。制度效率是制度各种功能综合作用的反映。如果一项制度缺乏优良的功能,那么其制度效率也不会高。制度具备的功能以及功能的发挥程度都会对制度效率产生影响。第二,制度功能是衡量制度效率的一种途径。制度效率可以通过多个方面和层次进行衡量,如制度结构、制度构成要素、制度结果等。制度功能是其中的一种衡量途径。我们可以通过制度功能的发挥程度来判断制度效率的高低。但是,制度功能仅仅是一个角度。在大多数情况下,当制度功能发挥充分时,其制度运行良好,制度效率高。但是不能排除制度功能充分发挥时,由于制度环境以及其他外部因素的影响,从而导致制度外部效率降低的情况。

(二)基于制度功能的效率度量模型

与制度功能相对应,制度效率也可以分为配置效率(AE)、激励效率(ME)、约束效率(CE)和保险效率(IE)四个方面进行研究。每一种功能的效率实际上可以看成是该功能的实现程度。从制度功能的角度来看,制度效率就是四项基本功能效率加总,表达式为

$$SE = AE + ME + CE + IE$$

每一项制度功能的效率(FE)是该项制度功能发挥的实际状态(VS)与理想状态(PS)的比值,即

$$FE = \frac{VS}{PS}$$

在上述表达式中:第一,每一项功能的效率不能按照成本-收益方法计算,而应当以功能实际发挥状态与功能完全发挥的理想状态的比值衡量功能效率;第二,在分析每一项功能效率时,可以研究影响其功能发挥的各类因素,通过对这些影响因素的改进,提高功能的实现程度,从而提升制度效率;第三,在对不同备选制度进行对比分析时,功能效率很难通过精确化的数值大小进行比较,但是可以通过功能效率的排序进行筛选;第四,制度功能的实际状态与理想状态的差距是制度变迁的方向,也是提升制度效率的路径。

四、国防专利产权制度体系的效率分配

国防专利产权制度体系按照不同的划分标准由不同的制度构成,但无论是整体的国防专利产权制度还是其所包含的各类制度,都应该具备制度的基本功能。也就是说,制度功能的分析具有普适性。但是不同的制度内容,其所侧重反映的制度功能有所不同。有些制度侧重体现配置功能,有些制度侧重体现激励功能等。各个构成的制度具有自身的独特功能,同时各个制度之间相互关联、相互配合,共同实现国防专利产权制度体系的整体功能。

制度功能与制度内容并非一一对应关系,而是相互包含,相互交叉的关系。一项制度(规则)可以体现不同的制度功能,一项制度功能可以通过不同制度(规则)进行展现。对于制度功能效率的分析必须以

具体的制度规则为分析对象，本书在国防专利产权制度体系中择选最能反映制度功能的问题加以分析，而规范该问题的制度规则又是体现制度功能的主要内容，具有典型性。通过对这些问题的分析，找出功能效率的损失表现、原因以及提升效率的具体路径。

按照各个制度功能的指向，选择国防专利产权制度的具体内容进行分析。国防专利产权制度的配置功能主要涉及三个方面的内容：①国防专利产权在各个权利主体之间的配置；②国防专利产权主体对产权资源利用方式的配置；③国防专利产权资源在军民之间的配置。其中第一个问题属于静态配置，是国防专利技术产生时依据法定或者约定而形成的国防专利产权结构。第二个问题和第三个问题属于动态配置，是在国防专利产权结构确定形成的基础上，基于对产权资源的充分利用而形成的国防专利技术的实施与流转。

国防专利产权制度的激励功能主要涉及两个方面的内容：①国防专利产权的权利分配；②国防专利产权的利益分享。这里需要说明的是，国防专利产权激励制度涉及的问题——国防专利产权的权益分配恰恰与配置制度中第一个问题的内容重合。作者将这一部分内容在激励制度中加以分析，其原因在于：其一，作为同样的制度内容，并不必要重复分析；其二，虽然功能指向不同，但就国防专利产权结构这一内容而言，两种功能目标所要求的产权结构能够达成一致。配置功能的指向在于将稀缺的产权资源进行最优配置，以达到充分利用产权资源，达到社会福利的最大化。激励功能的指向在于使产权主体拥有从事国防科技创新的内在动力，而这种内在动力主要来源于权利的赋予和利益的分享。只有充分重视产权主体的利益需求，合理配置权利与利益，形成最优的产权结构，才能真正地激励产权主体的持续创新，进而充分利用国防专利资源，达到社会福利的最大化。因此，作者认为，对配置功能与激励功能重合的问题——国防专利产权结构的分析，不仅能够评测其制度的激励效率，而且可以推知其配置效率，两者在这一问题上具有正相关性。

国防专利产权制度的约束功能主要涉及两个方面内容：①对产权主体权利的约束；②对外部主体行为的约束。对产权主体权利的约束就是通过明确产权主体的权利种类、范围及其行使方式，对其行为空间进行约束。对外部主体行为的约束是通过责任的承担强调外部主体对产权主体的义务,从一定程度上看也是对产权主体权利的保护。

国防专利产权制度的保险功能主要涉及两个方面的内容:①对国防专利产权制度静态风险的规避;②对国防专利产权制度动态风险的规避。通过降低制度风险,形成人们对制度结果相对稳定的预期,心理更加有安全感,更加信赖制度,也能够使制度执行更加顺畅。

基于以上分析,作者对国防专利产权制度体系的效率进行了分配,具体如图1-5所示。

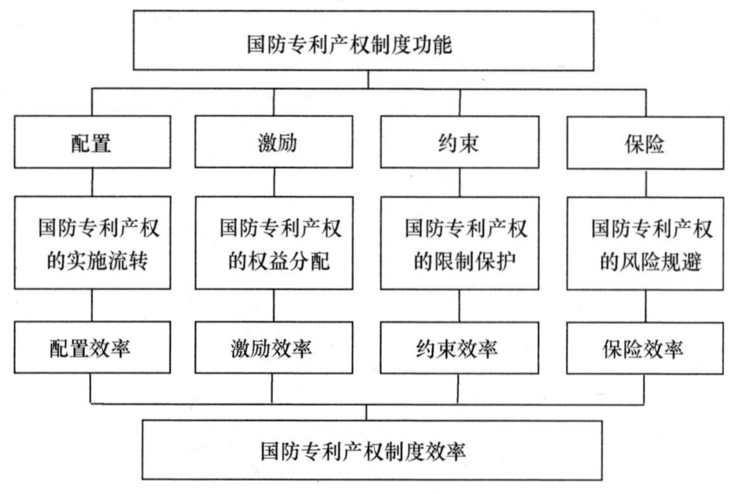

图1-5　国防专利产权制度体系的效率分配

本章小结

本章作为全书的基础理论支撑,为研究的深入展开提供了基本的分析框架。以基础概念为切入点,界定了国防专利产权、国防专利产权制度的内涵特征,明晰了本书的研究对象。从宏观与微观两个层面对制度效率进行剖析,为全面深入理解制度效率奠定了理论基础。宏观方面,通过不同视角对制度效率进行观测得出,制度效率可以从多个视角与层面理解和分析,制度效率可以分为制度内部效率和制度外部效率;微观方面,建立了制度效率的一般测算模型。基于对模型的分析得出，交易成本是衡量制度内部效率的关键因素，经济效益是衡量制度外部效率的关键因素。深入分析交易成本与制度效率的逻辑关联，长期来看，交易成本与制度效率呈反比关系，因此，降低交易成本成为提升制度效率的重要途径。选择以制度功能的发挥程度作为评测制度效率的分析框架，将制度功能凝练归纳为配置、激励、约束、保险四类，并对国防专利产权制度体系进行了效率分配。

第二章　国防专利产权制度的配置效率

配置功能是产权制度的基础功能,配置功能发挥的程度直接关系到配置效率的高低。国防专利产权作为一种经济资源,同样具有稀缺性,如何将相对稀缺的国防专利产权进行合理地配置,使其能够最大化地满足人们的需求,避免产权资源的闲置与浪费,是研究国防专利产权配置的核心问题。

第一节　国防专利产权制度的配置理论

一、配置目标:配置效益的最大化

(一) 资源配置的效率标准

在经济学中,资源配置是对相对稀缺的资源在各种可能用途之间做出选择,或者将相对稀缺的资源分配在不同的使用方向上,以最大化地满足人们多样化的需求。通过对稀缺资源在各种可能的用途之间进行选择、安排、搭配,以获得最佳配置效率。

实现效率最大化是资源配置追求的目标。最优的资本配置状态是社会总福利最大的资本配置状态。帕累托最优作为一个价值判断,在西方经济学界已经被普遍接受,并广泛运用于经济分析。帕累托最优状态是达到这样一种状态:“任何微小的改变,除了某些人的偏好依然不变以外,不可能使所有的人的偏好全增加或者全减少。”[106]那么,一个社会的资源配置的最优状态是:在不损害任何一个社会成员的境况的前提下,重新配置资源已经不可能使任何一个社会成员的境况变好,或者说,要改善任何一个社会成员的境况,必定要损害其他社会成员的境况。当社会资源的配置满足帕累托效率时,社会所获得总福利也达到极大值。

新福利经济学家在“帕累托最优状态”的基础上提出了最优条件论，将实现帕累托最优状态的条件综合为三类：①生产的最优条件；②交换的最优条件；③生产和交换的最优条件的结合[①]。

（二）国防专利产权的配置目标

国防专利产权配置问题可以分为宏观和微观两个层面来理解。宏观层面，国防专利产权的配置包括产权资源在产权主体与不特定的社会公众之间的配置，以及产权资源在流转过程中的配置。微观层面，国防专利产权的配置主要是指国防专利产权的结构问题，也就是国防专利产权资源在产权主体之间的配置，是一种静态的配置。本书所要研究的是宏观层面中产权资源在流转过程中的动态配置问题。第一，国防专利产权资源在产权主体与不特定的社会公众之间的配置不在本书的探讨范围内。因为，国防专利与普通专利相比，通常处于保密状态，只有国防系统的少部分人知晓。当国防专利产权面临在产权主体与不特定的社会公众之间进行配置时，就意味着国防专利已经转为普通专利，此时的资源配置问题不再是国防专利产权独有的问题，而是所有专利都会面临的普遍问题。同时，国防专利一旦转为普通专利，就不再是纯粹的国防专利了，那么其配置问题对国防专利产权制度的配置效率影响并不大。第二，国防专利产权资源在产权主体之间的配置不在本章的探讨范围内，这部分内容在激励效率中探讨。因为国防专利产权的内部权利配置不仅涉及配置效率，而且涉及激励效率。权益的归属和分配问题是激励问题的核心，直接关系到国防专利产权制度的激励水平。同时，从某种程度上，激励效率与配置效率的方向是一致的，当产权结构合理，利益配置高效时，激励效率高，配置效率也会相应地提高。因此，本章仅仅探讨国防专利产权资源在流转过程中的配置问题。

作为一个逻辑起点，国防专利产权的配置目标对于产权的优化配

---

① 交换的最优条件是指在完全竞争条件下以及在一定的价格和一定收入分配条件下的一种相对最优地位。当市场达到均衡时，任何两种商品之间的边际替代率对所有消费者都相等。生产的最优条件是说明产品是否在最有效率的情况下生产出来，或者生产要素是否得到最优效率的配置。只有在所有生产单位生产两种产品的边际转换率相等时，才达到最优状态。福利经济学认为，只有同时满足生产和交换两种最优条件才能达到最大化的社会福利。

置具有非常重要的作用。国防专利产权的配置目标是将产权资源合理配置,以实现配置效益的最大化,无限接近于产权配置的帕累托最优。帕累托最优是针对整个社会资源而言的,包括生产要素的最优配置和生产产品的最优配置。国防专利产权的配置不涉及生产要素的配置,而仅仅是对已经客观存在的产权资源(产品)进行配置。同时帕累托状态是一种理想状态,存在条件非常严苛,事实上是无法达到的。因此国防专利产权的配置目标只能是无限接近而非实现帕累托最优。具体来说可以细化为以下两个分目标:

(1) 产权资源"物尽其用"。国防专利产权作为一种特殊的资源,在一定的时间和空间范围内,其数量和质量是相对稳定的。在既定的数量和质量的前提下,充分利用国防专利产权资源是配置的目标之一。宏观上,有效调集产权资源,尽可能减少产权闲置,同时合理地使用产权资源,实现产权资源配置的调集功能;充分利用产权资源的可再生性,实现其对实物资源的有效替代,实现产权资源配置的生长功能;系统地进行产权资源配置,强化产权资源配置效应的辐射作用,形成产权资源配置－产权流转交易－产权效益的正反馈体系,实现产权资源配置的辐射功能。最终在产权资源既定的情况下,实现产权资源最充分的利用。微观上,国防专利产权内部的权利被充分运用。使用主体多元化,产权人可以自己使用,也可以许可他人使用;使用方式多元化,可以作价入股,可以转化为产品,可以转让收益等。各个产权主体之间科学地组合和使用产权资源,有效地提升产权交易活动的产出水平,使产权资源利用的直接收益最大化,达到产权资源配置的帕累托最优;同时,不同产权主体的效用实现最大化,并且彼此效用之间达到协调共处。

(2) 产权流动及时有效。国防专利产权的配置是对产权流转过程中产权资源的动态配置,而非产权生成结构层次的静态配置。产权流动是产权从原始主体向外部的流动,这些流动会导致产权主体范围的扩大和数量的增多。同时由于产权是由一系列子权利构成的,产权的流动不仅仅是整体的流动还包括产权内部权利的分散流动。产权流动是一个动态过程,这种动态配置的状态应当与资源最优配置状态保持方向的一致,或者当方向有所不一致时,能够迅速收敛或恢复到一致的状态。国防专利产权生成后,产权主体能够充分合理地使用产权,及时实施专利;能够以实现自身利益最大化,许可他人独占或非独占地使用产权;能够适时转让产权,置换物质回报;能够及时解密,加速国防专利的民用化,使技术得到更广泛地运用。

二、配置原则

在有限的国防专利产权资源条件的约束下,要取得尽可能大的效益,实现国防专利产权资源配置的目标,在配置过程中应当遵循以下根本的准则。

(一)福利最大化原则

福利最大化原则是指在国防专利产权资源配置时,以经济福利最大化为指向,尽可能增加各类产权主体获得的效用总和。福利经济学认为,福利是人生在世的各种各样的欲望或需要所获得的满足以及由此感受到的生理的或心理的幸福或快乐。社会福利是社会成员中个人福利的总和。福利最大化是效用实现的最大值,是最大多数人的幸福。这里所说的是经济福利。经济福利是可以计量和比较的。国防专利产权资源配置时的经济福利是产权主体所获得的产权效用的总和,它取决于各类产权主体对于产权资源需求的满足程度。当国防专利资源在流转时,无论是产权主体抑或其他人,都会对产权资源具有现实或潜在的欲望,当产权资源能够最大化地配置给那些需要的主体,最广泛地覆盖需求范围时,那么国防专利产权所产生的总的效用就会增多,经济福利就会提升。

(二)促进应用原则

促进应用原则是指在国防专利产权资源配置时,提高对国防专利的使用率,尽可能发挥国防专利产权的使用价值。这里的促进应用不仅包括将技术转化为产品的应用,还包括对于技术本身的普及使用。目前,国防专利使用率并不高,很多军工企业被授予国防专利权后,并没有转化应用;同时,由于害怕触碰保密红线,也不敢许可他人使用,导致了技术资源闲置,造成了研发资金的浪费。促进应用是以促进国防专利技术的转化应用、提高产权资源利用率为目的。为提升国防专利转化应用的效率,产权应当配置给转化应用成本低的主体,这个主体既可以是军事机构,可以是研制机构,也可以是第三人。一般来说,研制机构承担成果转化的成本比较低。

(三)及时转化原则

及时转化原则是指在国防专利产权资源配置时,及时解密,加速国防专利的民用化,扩大产权资源的分享领域。国防专利产权是国家重要的战略资源,坚持国防建设和经济建设的协调发展,促进国防建设和经济建设的良性互动,增强国防科技工业的平战转换能力,必须发挥国防专利产权的战略性作用。目前,国防专利的解密转化率较低,很多技术已经不具有安全价值,但是由于产权主体缺乏解密转化意识,国家也没有积极推动技术的解密,导致很多国防专利的使用价值在保密期间消失殆尽,直至没有转化必要。为了促进国防专利的及时转化,产权配置应当根据技术的安全状况及时解密,使产权广泛地转化使用,提升产权的配置效率。

三、配置流程:产权资源由原始主体流向继受主体

以配置目标为导向,在遵循配置原则基础上,对国防专利产权配置流程进行梳理,如图2-1所示。

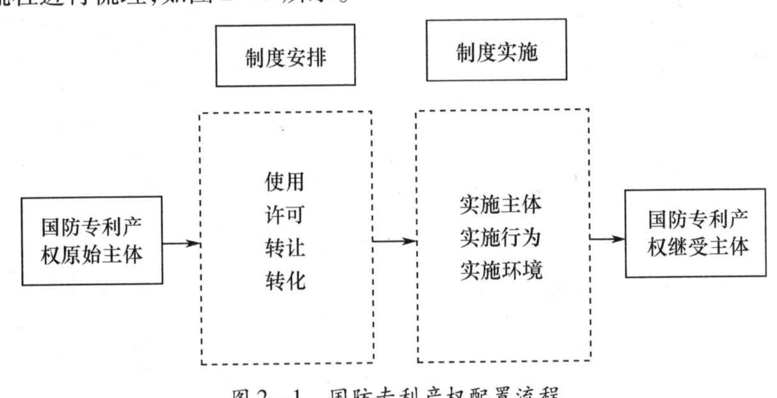

图2-1 国防专利产权配置流程

(1)国防专利产权的配置是产权从国防专利产权原始主体流向继受主体。根据物权法中物权变动原理,原始取得是指非依他人既存权利而取得物权,依据原始取得物权的主体称为原始主体。继受取得是指基于他人既存的权利以及权利人的意志而取得物权,依据继受取得

物权的主体称为继受主体。当国防专利出现，国防专利产权存在时，原始主体即存在。一般来说，原始主体是在国防专利产权形成过程中做出贡献继而分享产权的主体，包括投资者、研发者等。继受主体对国防专利产权的享有是基于继受而来，主要取决于原始主体扩大分享范围的意志，将产权的部分或者全部进行转移。因此，继受主体所拥有的产权一般不会超过原始主体拥有的权利范围。

(2) 国防专利产权的配置环节包括制度安排和制度实施。制度安排和制度实施是前后衔接的连续过程。制度安排是静态的，制度实施是动态的。制度安排是国防专利产权制度中有关产权流转的制度规范。产权流转的形式主要包括使用、许可、转让和转化四种形式。其中使用是产权原始主体对国防专利的使用；许可是产权原始主体将国防专利的使用权让渡给继受主体，由继受主体分享其使用权；转让是产权原始主体将国防专利的产权整体让渡给继受主体，此时发生了产权归属的变更；转化是产权原始主体通过对国防专利的解密，解除其进入民用领域的障碍，转变为普通专利。制度实施是由实施主体通过将制度安排运用于实践，变为现实的实施行为，最终将预置的制度安排变成现实的动态过程。制度实施包括实施主体、实施行为和实施环境三个要素。实施主体不仅包括国防专利产权的原始主体，还包括经过原始主体授权的继受主体。因为只要存在合法授权，产权权利能够被顺次传递。例如，只要原始主体在许可时授予继受主体能够将使用权再次许可，那么继受主体可以将权利许可给下一级的继受主体。实施行为是实施国防专利产权流转的行为，包括使用、许可、转让和转化。实施环境是实施过程中的外部环境，包括经济政策、政府干预、法治氛围等。

(3) 国防专利产权的配置是一种动态配置过程。这里所探讨的国防专利产权的配置仅仅是指产权流转过程中的动态配置。由于国防专利本身价值会随着时间的推移不断降低，同时外部的客观环境也在不断变换，这些力量会导致国防专利产权的最初的静态配置均衡变成不均衡状态，产权配置会出现连续动态的不均衡。国防专利产权配置过程就是及时有效地修复动态的不均衡，使产权配置逐渐趋近于最优配置状态。

四、配置的理想状态

产权的最优配置是使社会总的福利最大化的产权配置状态。如果将产权配置的最优状态作为既定,那么各种配置效率的比较实际上是配置状态的比较。因为国防专利产权配置是一个连续的动态的过程,其根本任务并不是对实际产权配置提供一个简单的调整方案,而是要构造一种优化配置机制。因为最优化的配置状态仅仅在理论上存在,而不断的方案选择是一个向其逼近的无穷过程。衡量产权配置状态可以从国防专利产权的使用、许可、转让和转化四个方面进行。

(一)国防专利产权的使用

国防专利产权的使用是指国防专利产权的原始主体对国防专利的使用。使用方式多种多样,可以运用专利技术制造产品,可以将国防专利运用实施,可以将技术入股投资,可以以专利权进行质押融资等。国防专利产权使用的最优状态是对于原始主体自身而言,当原始主体的使用福利达到最大时,国防专利产权的使用状态最优,这也是实际配置状态追求的目标。

(二)国防专利产权的许可

国防专利产权的许可是国防专利产权的原始主体与继受主体之间通过签订书面许可合同的形式,同意继受主体在一定的期限、地域范围内按照一定的方式实施国防专利的情形。专利实施许可根据继受主体实施权限的不同可以分为独占实施许可、排他实施许可和普通实施许可。在独占实施许可的情形下,包括原始主体在内的许可人在授予继受主体独占实施权之后,在约定的范围内即不得再实施其专利,而独占实施权人则取得了与专利权人一样的排他效力;在排他实施许可的情形下,原始主体虽然不得再另行许可他人实施专利,但是其自身仍然保留专利技术的权利;在普通实施许可的情形下,原始主体只是同意被许可人实施其专利,但是对于自身的权利的行使不作任何限制,而且原始主体不仅自己有权实施专利技术,同时也有权许可第三方实施其专利。这三种类型的许可中,合同双方都可以就许可期限、地域范围、实施方式进行约定。国防专利产权许可的最优状态也是针对原始主体而言的,当原始主体针对自身的情况选择特定的许可方式、期限和范围,使得其自身的福利达到最大，从而使许可状态时的产权配置达到最优。

（三）国防专利产权的转让

国防专利产权的转让是国防专利产权的原始主体在国防专利权的有效期内，通过订立转让合同的方式将国防专利产权的全部让与继受主体，发生法律主体变更的情形。在国防专利产权被转让后，继受主体作为新的专利权人有权自行实施专利技术或许可他人实施该专利技术，除非合同另有约定，原始主体无权再实施专利技术。《国防专利条例》规定了国防专利在转让时有以下限制：第一，国防专利申请权和国防专利权禁止向国外的单位和个人以及在国内的外国人和外国机构转让；第二，向我国国内的单位和个人转让必须事先向国防专利机构提出书面申请，国防专利机构进行初步审查后报送国务院国防科学技术工业主管部门、原总装备部审批；第三，在进行转让时，当事人应当确保国家秘密不被泄露，保证国防和军队建设不受影响。国防专利产权转让应当从效用低的主体向效用高的主体流动，使转让后的原始主体与继受主体的福利之和大于转让前。

（四）国防专利产权的转化

国防专利产权的转化是国防专利产权的原始主体将国防专利解密，解除其进入民用领域的限制，转变为普通专利。并非所有的国防专利都能够转化为普通专利。只有那些转为普通专利不危及国家安全而且具有市场价值的国防专利才适合转化。同时，适合转化的国防专利何时转化也并非一致，需要根据不同的专利类别和特点进行综合评测。

第二节　国防专利产权配置的效率损失

对比配置的理想状态，国防专利产权资源在使用、许可、转让和转化四个方面都存在不同程度的配置不足，配置功能未能高效发挥，存在动态效率损失。

一、动态效率损失分析

根据前文的论述，国防专利产权配置的效率是一种动态的配置效率。国防专利生成时产权配置是初始配置状态，也是静态配置的状态。

当随着时间的推移，国防专利本身的价值发生变化，交易环境也在不断变化，交易的种类和情形不尽相同，使得国防专利产权配置的均衡状态不断被打破，最优配置状态也在不断变化。我们追求动态效率实际上就是研究国防专利产权交易流转过程中，由于产权流转而导致的不均衡程度发生变化，以及由此形成的不均衡状态与均衡状态（配置最优状态）之间的差距。国防专利产权配置过程就是及时有效地修复动态的不均衡，使产权配置逐渐趋近于最优配置状态，如图 2－2 所示。

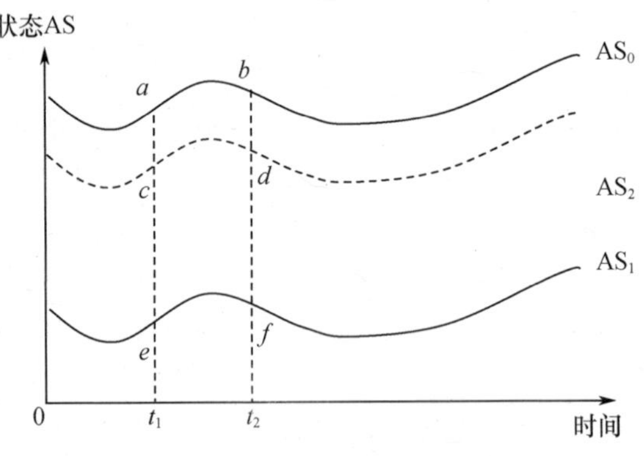

图 2－2　国防专利产权动态效率损失

（1）国防专利产权的配置状态用不规则的曲线表示。由于国防专利产权的配置是产权流动过程中的配置，其配置状态会受到交易标的价值、交易环境、交易情形、交易主体的个人偏好等多种因素的影响。因此，无论是最优配置状态还是实际配置状态都不可能恒定地处于同一水平保持不变，而是在不断地根据情势的变化而波动。图 2－2 中，AS_0 表示国防专利产权动态配置的最优状态，AS_1 表示国防专利产权配置的实际状态，两者都是不规则的曲线。

（2）国防专利产权的最优配置是理想状态，实际配置永远不能达到。这就意味着 AS_0 与 AS_1 永远不可能相交甚至重合。在优化产权配置的过程中，只能使 AS_1 越来越贴近 AS_0，极致的状态是无限接近于 AS_0。图 2－2 中，AS_2 表示现实中能够达到的最佳状态。在真实世界中，AS_1 到 AS_2 之间的距离是可以通过努力缩短的。但是只要是在真实的世界中，人是非理性的，信息是非完全的，那么 AS_2 到 AS_0 之间的距离就不可能消失。

（3）国防专利产权的实际配置状态与最优配置状态之间的差距就是社会总福利的损失，也代表效率损失。在图2－2中：S_{abfe}就是从时间点 t_1 到时间点 t_2之间的社会总福利的损失，S_{abfe}越小，效率的损失面积越小，社会总福利水平就越高；S_{cdfe}是在真实世界中的效率损失，这部分损失是可以通过努力减少的；S_{abdc}是客观必然存在的效率损失，这部分损失不能消除。我们提升国防专利产权配置的效率主要在 S_{cdfe}这部分努力。

二、国防专利产权配置低效表现

将国防专利运用于实践并服务于国民经济建设是国防专利的价值所在，也是实现军事、科技、经济协调和可持续发展的最终目标。随着国家军民融合战略以及国防知识产权战略的深入推进，国防专利在民用领域中的推广应用取得了很大突破，主要体现为：军民两用型的国防技术成果大量涌现，为进入民用领域奠定了良好的基础；实践中国防专利技术运用于民用领域的成功案例不断增多，示范效应不断好转；国家积极推动国防技术转化法律制度和相关配套政策的出台，转化环境明显增强；国防科技成果转化工作也在深入推进，为国防专利技术运用于民用领域提供了有针对性的指导。然而，虽然我国国防专利在应用和转化方面取得了上述进展，但仍然存在许多现实问题和制约障碍。总体来看，国防专利产权制度对国防建设和经济建设的推动促进作用不够明显，产权流转过程中的配置效率比较低，具体表现在以下几个方面。

（一）国防专利产权应用比例较低

国防研发项目产生的技术成果中大概有5%申请国防专利，核心的技术诀窍通常以技术秘密的形式加以保护。国防专利的自行实施包括两类：一类是符合项目计划目的的实施；另一类是项目计划目的之外的实施。符合项目计划目的实施的国防专利是基于武器装备建设需要而订立合同产生的科研项目，由此形成的技术成果获得国防专利权之后的实施。因为这类项目在立项时目的很明确，产生的技术成果就是为了运用于某个项目或者某种武器装备，因此这类国防专利实施率比较高。据不完全统计，这类国防专利的实施率为80%～90%。而项目计划目的之外产生的国防专利,由于本身质量偏低,而且实施环节复杂,实施需要征得主管部门的认可,经过层层审批列入实施计划,故其实施率较低。在这类项目中,只有10% ~20%的国防专利最终转化到商业生产,80% ~90%则被束之高阁。基于项目目的之外产生的国防专利,其产权主体缺乏主动申请国防专利权的内在动力,申请行为是在硬性指标的行政压力下被动完成的。很多申请的国防专利技术含量低,属于“边角料”,缺乏应用价值,申请完毕后,国防专利技术只是闲置,并不使用。除了自行使用的方式,许可和转让方式的比例更低,在很多国防工业企业中,许可和转让率为零。

(二)国防专利产权实施方式单一

在应用实施的国防专利中,大部分是由国防专利产权主体自行使用实施,这种方式占90%以上。自行实施由于国防专利产权关系比较明确,利益分配相对清晰,很少出现纠纷而被广泛采用。但是自行实施由于受到主体自身限制,投资力度缺乏,导致国防专利很难进一步产业化,难以取得更大的收益。在调研国防科工集团的某个研究所时,作者发现,国防专利产权很少有许可和转让情形,原因在于:由于国防专利的信息不透明,沟通交流机制的缺乏,使得市场中的潜在需求主体并不知晓国防专利产权主体手中的技术信息,市场中没有需求,产权主体无从许可和转让;由于国防专利纠纷处理保障机制的不健全,使得市场需求主体对技术进行无所顾忌的抄袭,产权主体没有法律依据也没有办法去追究和制止,使得产权主体无法许可和转让;由于许可和转让对于继受主体并没有什么好处,反而错失了向上级部门申请研制经费的机会,他们明知国防专利信息,也知道产权主体有许可或转让的需求,但是就是不应答,使得产权主体无力许可和转让。

(三)国防专利产权转化推广率不高

从1985年国防专利制度建立至2008年国务院颁布《国家知识产权战略纲要》时,解密的国防专利不足10件。我国的国防专利主要来源于国防工业企业,数量很大,航天科工集团公司2012年的专利申请量达到12000余件,但是转化率却非常低。航空和兵器工业的专利转化率为15% ~20%,航天工业约10%,核工业约8%[107]。最新数据显示,目前我国专利转化率仅为10%左右,实际产业化率仅为5%,远远低于发达国家水平[108]。据统计,美国等发达国家中的国防科技成果解密应用到民用领域的转化率为 70% ~80%,产生了明显的经济效益[109]。不仅如此,与西方军用技术转民用不同,我国国防专利产权的转化还带有明显的政治导向色彩。例如,发动机点火技术成功运用于北京奥运会祥云火炬的研制,实现了奥运圣火在珠穆朗玛峰上的燃烧。这种国防专利转化的实例,与其说是技术在不同应用环境的转化,不如说是以政治为导向的全新科研过程。由于不具备市场经济的特点,这类转化几乎没有可以借鉴的经验,缺乏良好的推广价值[110]。

(四)国防专利产权市场开拓力度不够

一些国防专利产权主体注重国防专利的持有量,而对如何将国防专利市场化并未作进一步思考,这使得进入商业化开发模式的国防专利,由于缺乏对市场有效准确的评估分析,导致转化后的国防专利并不能够满足市场的实际需求,其本身的价值没有真正发挥出来。还有些国防专利在转化过程中,没有或者缺少对军工技术优势的体现,缺失了体现技术特色的核心竞争力,致使转化后的技术成果类同于其他民用部门的大众化产品,不仅丧失了市场竞争力,而且造成了资源的浪费和重复配置[111]。国防专利产权转化后的产业化规模也比较小,以国防科技工业集团为例,2009 年国防知识产权的民品销售收入为 4821.6 亿元,仅占当年 GDP 的 1.4%;来源于军用技术的民品类产品占全部民品类别的比例为 57.58%,但销售收入仅占全部民品销售收入的 26.9%,平均单类产品的销售收入也远低于其他渠道来源技术的产品[112]。

三、效率损失的原因剖析

前文从理论层面和现实层面分析了国防专利产权的效率损失,在图 2 -2 中显示:国防专利产权的效率损失包括真实世界中的效率损失和客观必然存在的效率损失。客观必然存在的效率损失不能被消除,例如国防专利本身的价值随着时间推移而消散①,现实的不断发展会

① 随着时间的推移,国防专利的经济价值、技术价值和安全价值都会减弱,而其本身价值的减弱又会导致其效用的减弱,作为配置的标的物,效用的减弱又会导致产权主体福利的减少,影响了配置效率。

导致制度的相对滞后①,信息不可能完全透明等,由于这些现象是符合事物自身发展规律和市场的真实环境的,因此由这些因素导致的效率损失具有必然性和客观性,是无法消除的。分析国防专利产权制度效率损失的原因应当从可以消除或者减弱的损失部分着手,通过对于这部分原因的剖析才能提出切实的解决办法,而这些办法才是具有现实意义的。

(一)保障机制不完善,运用动力不足

(1)考评机制方面。随着国防知识产权战略的深入推进,国防科技工业领域的知识产权意识有所增强,目前已经将申请国防专利的数量作为考评指标,但是国防专利的转化应用情况却不作为考评内容。在国防科技工业企业的立项、竞标活动中,国防专利也并不作为考量和筛选的影响因素。同时,在对科技人员进行绩效评价时,与其绩效挂钩的仅仅是科研课题、论文及获奖情况,而国防专利成果运用转化情况并未纳入绩效评价体系,这就导致国防专利成果申请下来就被束之高阁。

(2)激励机制方面。国防专利的权利归属和利益分配不明,责权利不清,导致成果运用和转化无人负责,严重挫伤承担国防科研生产任务的单位和科技人员进行国防专利成果应用和转化的积极性。同时,国防专利产权制度虽然存在激励方面的法律规定,但在实践中激励作用并没有充分发挥。由于军品研制生产计划性强,特别是生产数量不是根据市场需要调节,因此,国防专利实施后,国防专利产权主体获得的经济效益非常有限。许多单位受分配平均主义的影响,使法律中有关奖励和报酬的规定未能依法兑现,职务发明人难以获得应有报酬。对于奖励的基数,不同的法律法规分别采取了“新增留利”“净收入”“所得利润纳税后”三个概念,但是这三个概念本身不明确、不规范,导致在实践中难以操作[113]。

(3)解密机制方面。《国防专利条例》将解密分为两种情况:一种是国防知识产权局决定予以解密;另一种是国防专利权人向国防知识

① 制度是静态的,现实环境却是不断发展变化的、动态的,任何制度的实施环境与当初制定制度的环境都是不同的,因此,随着环境的发展变化,制度总是具有滞后性。那么在制度指导下的实践行为与客观环境就很有可能不匹配,这也会导致配置效率的损失。

产权局提出解密请求，经国防知识产权局审查后决定解密。相关制度对解密的条件也作了规定①。由于我国长期存在重保密轻解密的观念，再加上对国防专利解密的意义认识不足，国防专利的解密工作并未真正开展起来。据不完全统计，我国解密的数量只占定密总数的0.3%[114]。《国防科学技术成果国家秘密的保密与解密办法》只对解密单位作了规定，但是并未说明具体解密的时期和程度。同时，由于解密工作牵扯部门多，程序复杂，缺乏一个对国家安全利益影响程度评估的指标体系和权威机构，产权主体解密的积极性不高。

（二）交易心态失常，管理能力欠缺

（1）产权主体害怕承担泄密风险，不愿解密。由于国防专利及其相关资料属于保密范围，国防专利产权主体为避免触及“保密安全”这一红线，一般不愿申请国防专利解密，害怕承担泄密责任。国防专利属于国家行政计划干预领域，长期以来，国防工业企业已经形成了“计划国家下，资金国家拨，材料国家配，产品国家收”的生产经营方式，以及“重军品轻民品，重研制轻转化”的经营理念。军品科研被认为是低风险甚至无风险，民品科研是受市场调节，自负盈亏，要承担较大风险，因此不主动积极作为，而是消极地等待上级部门的指示，不愿意承担因为转化应用而可能出现的各种风险。

（2）潜在继受主体更愿意自行研制，不愿交易。在国防专利产权流转过程中，常常面临产权主体愿意许可和转让，但是却无人应答，即使对该国防专利技术是有需求的潜在继受主体也是如此。究其原因，潜在继受主体认为通过接受许可和转让并不能给自身带来实际利益，反而错失了向上级部门申请研制经费的机会。与接受现成的技术成果相比，他们更愿意接受研制经费。国防项目研制的管理部门在审查项目立项时存在漏洞，一般只需要申请单位自行论证立项技术的新颖性即可，因此申请单位会千方百计论证该项技术“绝无仅有”，即使与已经存在的国防专利有很高的相似度。

（3）产权主体运用专利能力较弱，缺乏有效管理。国防专利产权主

① ①出现接替技术使其失去保密价值的；②属于用在退役武器装备中的；③主要技术特征被他人通过申请专利或者其他途径公开的；④从全局衡量，解密对国家更为有利的。

体运用国防专利的方式通常是自行使用实施，运用于项目范围内的军品之中。而对于自身的国防专利战略考虑很少，缺乏对于本单位国防专利的总体规划和合理布局。对于国防专利的运用不仅包括专利实施，还包括专利的许可、谈判、信息传播、广告、联盟、质押融资、投资入股以及专利布局等丰富内涵。国防专利产权主体应当从本单位国防专利宏观战略的层面配置国防专利资源，充分利用国防专利制度综合权衡管理的成效。

（三）机构职能不健全，扶持引导不充分

（1）缺乏配套机构和相应职能。国防专利的组织管理及配套体系还不完善，很多工作缺乏明确的职能部门。目前，国防知识产权局负责国防专利的审查和确权。除此之外，关于国防专利的成本核算、价值评估、纠纷处理、侵权保护以及转化应用等，缺乏实体的机构通过相应的职能进行处理。国防专利领域也想借鉴民用知识产权的运作模式，但却无从入手。

（2）缺乏引导资金和经费保障。在国防专利产权向民用领域转化过程中，大部分技术成果需要进一步再加工，才能实现与民用领域的紧密贴合。然而，目前，针对国防专利的风险投资体系尚不成熟和完善，融资渠道不畅通，当仅依靠企业自身的经济实力难以胜任的情况下，政府进行资金支持就十分必要。但是目前，我国缺乏对于国防专利产权转化工作的引导资金，国防科工局虽然有“军用技术推广专项”，但是这类资金针对的对象并不仅仅是国防专利产权转化应用问题，而且支持数量非常有限（一般每年度 15～20 个项目），支持对象仅为军工单位。经费不足是影响国防专利实施与产业化的关键问题之一。

（四）服务体系不完备，配套政策不到位

（1）国防专利技术的信息交流不顺畅。信息沟通交流是国防专利产权应用和转化的基础，然而目前交易双方信息不透明，严重阻碍了国防专利产权的转移与转化。在国防专利技术应用环节，由于国防专利检索率低，数据库不完备，查询渠道有限，跨行业利用率不高，重复立项研究现象仍然存在。在国防专利技术转化环节，缺乏军民专利技术信息交流平台。因此，一方面，国防专利产权主体不了解民用领域对技术的需求信息，不清楚哪些国防专利可以被转化为民用；另一方面，有技术需求的民用单位也不了解军工或者军队单位的哪些国防专利技术成果可以转为民用。

(2) 国防专利的价值评估政策未出台。国防专利与普通专利不同,不能将对普通专利的评估方法照搬到国防专利领域。目前缺乏针对国防专利的系统完善的价值评估体系,这导致国防专利内含的价值量不能现实转化为合理的货币量,进而使后续的技术转移缺乏合理的交易基础。同时,在目前《军品定价办法》中,没有将国防专利技术的有偿使用费纳入成本,造成了有偿使用无法实现。在实际运作中,缺乏实现有偿使用的可操作性规定,如实施费和使用费如何确定,如何付费等问题,这也影响了国防专利的实施。

(3) 国防专利产权的交易市场不成熟。生长于自由竞争土壤的知识产权在以计划为主要调控手段的国防领域已经被严重扭曲。国防专利并不能像民用普通专利那样在市场上自由交易,而要受到政府行政计划的指导。进行交易时更加看中该技术对于武器装备战术技术指标的影响而不是经济效益。但是目前,国防专利产权交易市场过于依赖国家的计划指导,国防专利的产生、管理、使用、处分等主要环节都有国家的严格监管,并从制度上对产权主体进行了严格限制,这种管理方式不利于调动国防专利产权主体的积极性。

(4) 国防专利技术的转化评估不完善。并不是每一项国防专利技术在解密之后都适合被转化推广,只有那些技术领先、成熟度高、市场前景好、有经济潜力的技术成果才可能被遴选为转化对象。但是目前缺乏对于国防专利技术转化的评估体系,包括评估机构和评估方法。

第三节　国防专利产权的优化配置

对国防专利产权资源的利用可以分为使用、许可、转让和转化四种方式。其中使用、许可和转让是国防专利产权资源在国防领域内部的实施应用,转化是国防专利产权资源由国防领域转到民用领域应用。在探讨国防专利产权的优化配置时,将分两种情况进行研究:第一,国防专利产权的实施配置,这一类是针对国防专利产权的使用、许可和转让三种方式,主要研究国防专利产权资源在国防领域内部的流转配置;第二,国防专利产权的转化配置,这一类是针对国防专利产权的转化方式,主要研究国防专利产权资源在军民之间的流转配置。

一、国防专利产权的实施配置

(一)影响实施配置的因素

国防专利产权的实施是将国防专利发明创造应用于工业生产。根据实施主体的不同,可以将国防专利产权实施分为自行实施和他人实施。在他人实施类别中,根据是否与原始产权主体意愿一致,可以分为指定实施和许可实施①。由于国防专利具有国防性,从维护国家安全角度出发,对于关键技术进行指定实施有其合理性。本章并不探讨指定实施这种方式存在合理的理由以及限制条件,这个问题将在探讨约束效率时详细分析。本章需要关注指定实施是有偿还是无偿的问题,这涉及原始产权主体的创造性劳动是否得到回报,以及创新资源的后续配置问题。

1. 国防专利质量是影响自行实施的根本因素

基于项目计划目的之外产生的国防专利实施率非常低。这部分国防专利质量普遍较低是根本因素。正是因为国防专利本身质量偏低,实施价值不高,仅仅是为了应付上级规定的数量指标,再加上实施审批环节繁琐,导致原始主体不愿自行实施这部分国防专利。

2. 交易主体的交易意愿是影响他人实施的关键因素

国防专利产权的他人实施方式涉及双方主体:一方是国防专利产权原始主体,也是许可方(在指定实施中是强制许可方);另一方是国防专利产权继受主体,也是实施方。实施合同的达成需要交易双方意思表示一致,意愿契合。现实中,国防专利产权的他人实施方式面临两类问题:

---

① 《国防专利条例》第二十二条规定:“国务院有关主管部门、中国人民解放军有关主管部门,可以允许其指定的单位实施本系统或者本部门内的国防专利;需要指定实施本系统或者本部门以外的国防专利的,应当向国防专利机构提出书面申请,由国防专利机构依照本条例第三条第二款规定的职责分工报国务院国防科学技术工业主管部门、总装备部批准后实施。”

《国防专利条例》第二十三条规定:“实施他人国防专利的单位应当与国防专利权人订立书面实施合同,依照本条例第二十五条的规定向国防专利权人支付费用,并报国防专利机构备案。实施单位不得允许合同规定以外的单位实施该国防专利。”

（1）潜在继受主体在权衡实施他人专利和自行研制开发两种方式的利弊后，更倾向于自行研制开发。在技术需求不是很迫切的情况下，潜在继受主体更愿意自行研发，因为一方面可以通过申请立项获得可观的研发经费，另一方面实施他人专利会受到一些制约和限制。自行研发的行为就可能导致重复立项，重复研发，造成资源的闲置与浪费，影响了资源配置效率。

（2）当国防专利被无偿使用时，原始主体的创新劳动得不到回报，逐渐丧失实施专利的积极性，不愿进行实施交易。《国防专利条例》第二十五条规定："实施他人国防专利的，应当向国防专利权人支付国防专利使用费。实施使用国家直接投入的国防科研经费或者其他国防经费进行科研活动所产生的国防专利，符合产生该国防专利经费的使用目的的，可以只支付必要的国防专利实施费。国防专利实施费是指国防专利实施中所发生的提供技术资料、培训人员以及进一步开发技术等所需的费用。"通过调研作者发现，当国防专利被指定实施时，很多情况是无偿使用的。此时，军队要求提供技术资料时，国防专利产权主体很不积极。而且绝大多数国防专利产权主体都认为国防专利应当有偿使用，生产、使用专利产品的部门应当向专利权单位支付专利使用、实施费用，在装备审价时专利费计入装备成本。

（二）建立国防专利质量的监督机制

国防专利是国防专利产权配置的标的，其质量的高低对于配置效率具有根本性的影响。针对目前国防专利质量普遍不高的情况，作者认为，需要建立国防专利质量的监督机制。第一，探索建立国防专利质量评价指标体系。建立在普通专利通过技术、法律和效益三个维度评价质量的基础上，结合国防专利的特色，研究探索国防专利质量的评价体系。国防专利的质量评价指标可以划分为技术性、法律性和效益性三类一级评价指标。技术性评价指标可以细分为创造性贡献率指标、重要程度指标、可替代率指标；法律性评价指标可以细分为有效性指标、保护范围指标和稳定性指标；效益性评价指标可以细分为经济效益指标、社会效益指标和军事效益指标[115]。第二，对国防专利进行授权的同时应当给国防专利质量评定等级。在国防专利管理部门成立专门的质量评价机构，在授权的同时出具对专利质量的评价等级意见，作为认定国防专利质量的依据。第三,国防专利的质量情况应当与本单位开展国防知识产权工作情况相挂钩。目前,仅仅将国防专利的数量作为评价是否完成国防知识产权工作的内容,而国防专利质量并未纳入其中。应当将国防专利质量作为评价知识产权开展情况的重要内容,也作为本单位评优创先的重要因素。

(三)严格审查国防研发项目的立项

针对国防专利产权潜在的继受主体宁愿自行研发不愿接受许可和转让的情况,应当切断其获得类似科研立项的途径,从研发立项方面严格把关,避免与已有的国防专利技术类似的技术研发活动,避免重复研发、重复立项。严格审查国防研发项目的立项可以优化科技资源的配置。第一,能够使现有的国防专利得以充分利用,使其功能性价值完全发挥出来,达到物尽其用;第二,能够使科技资源投入到新的研发领域,丰富国防专利的数量和领域;第三,能够使研发活动建立在已有成果的基础上,促进国防专利技术的升级和发展。

严格审查国防研发项目的立项应当从以下几个方面着手。第一,规定在申请研发项目时,应当由国防专利管理部门通过官方查询平台出具拟研发技术的查重信息。只有通过查询得出,拟研发的技术与现有的国防专利成果相比具有显著差异性,才能将其纳入立项评审范围。第二,应当将拟研发的技术信息与现有的国防专利成果作对比,分析是否具有显著的创新性,如果仅仅通过对技术外围的更改而进入评审范围,但是技术本身并不具有显著创新性,没有研发必要,也不能通过立项评审。第三,严格考察拟研发技术的应用前景。研发技术的目的不仅在于理论创新,更重要的在于将技术加以应用维护国家安全和推动经济的发展。对于仅仅具有理论创新性但不具备应用价值的研发项目不予立项。

(四)坚持国防专利产权的有偿使用[116]

针对实践中国防专利使用和实施通常免费①,极大挫伤了发明创造人的积极性的情况,应当遵循智力成果创造与回报的一般规律,坚持

① 这里的“免费”并不是真正的免费,而是在国防专利实施的过程中,实施者向原研发单位支付的仅仅是成本性质的“实施费”,也就是在技术资料、人员培训以及进一步开发方面给予研发单位和人员一定的补偿。对于开发过程中产生的经济收益,原研发单位和人员并没有分享。

有偿使用和实施。为了分析国防专利产权有偿使用的合理性，先对普通专利的实施付费情况进行简单介绍，如图 2－3 所示。

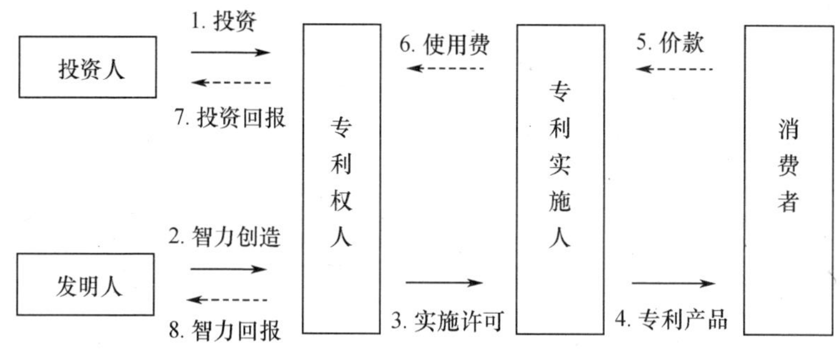

图 2－3　普通专利实施付费情况

图 2－3 表示的是普通专利的技术和资金的流向，实线箭头表示专利技术的创造及其流向，虚线箭头表示资金费用的流向。专利技术是在投资人的投资和发明人的智力创造共同作用下产生的，专利技术被授权后由专利权人许可给他人实施，专利实施人将专利技术运用于产品生产经营中，将融入专利技术的产品卖给消费者。消费者支付专利产品的价款给专利实施人，这个价款中包括了专利实施人支付给专利权人的专利使用费，也就是说，消费者是专利使用费的最终买单人。专利实施人支付给专利权人的使用费，是在取得专利产品的价款中将生产专利产品的成本以及利润扣除之后的部分。专利权人将取得的使用费进行两个方向的分配：一部分支付给投资人，作为投资回报；一部分支付给发明人，作为智力回报。普通专利这种付费方式能够调动投资者和发明人双方的积极性，形成促进经济发展和技术进步的良性机制，已经被普遍接受。

按照对普通专利技术和资金流向的分析思路，国防专利的实施付费情况如图 2－4 所示。

国防专利与普通专利实施的流程图相比，主要区别在于：国防专利的投资人和最终消费者都是国家①。如果按照普通专利产品价格形成

① 这是针对绝大多数国防专利而言的。实践中，由于国防研发项目投资很大，绝大多数情况是由国家出资形成的。当然也不排除其他的投资形式。这里仅研究绝大多数的普遍情况。

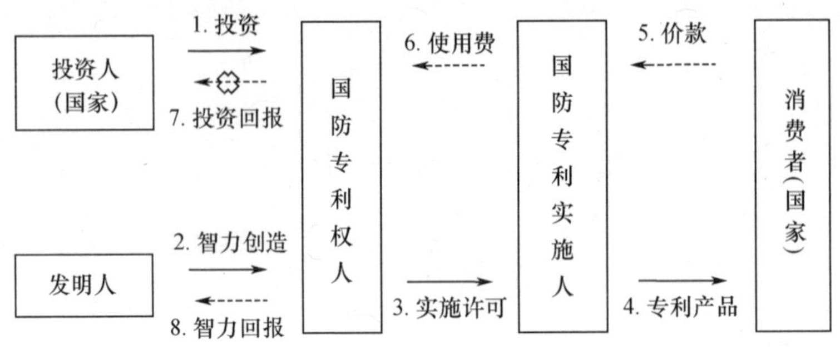

图 2－4　国防专利实施付费情况

机理，作为消费者的国家支付专利产品的价款，国防专利权人获得的专利使用费也应当按照两个方向进行分配。然而，国家作为国防科研项目的投资者并不是以获得经济收益为目的，也不要求国防专利权人对其进行投资回报。因此，在国防专利使用费中并不包含对于投资者的投资回报，仅仅包含对发明人智力创造的智力回报。对比来看，国防专利的使用费应当相对低，它不是用来弥补投资成本，但是应当包含激励发明人智力创造的部分。

结论：国防专利只要是被许可实施，实施者均应向国防专利产权人支付使用费用，主要目的在于对发明人的智力劳动进行回报，激励其进一步创新。

二、国防专利产权的转化配置

（一）影响转化配置的因素

国防专利产权转化就是通过对国防专利的解密，使其转为普通专利，在此基础上加以实施应用。影响国防专利产权转化配置的因素可以归纳为三个。①国防专利解密的速度。这可以通过国防专利从申请授权到解密转为普通专利的时间来衡量。间隔时间越长，解密速度越慢；间隔时间越短，解密速度越快。②国防专利解密的数量。解密数量在一定程度上也能够反映配置效率。解密数量是建立在解密速度的基础上的，但不仅仅与解密速度有关，还和国防专利本身的安全度有关。如果国防专利安全系数高，即使符合普通的解密时间要求，仍然不适合解密。③国防专利的转化数量。解密后的国防专利只是变为普通专利,并不直接等同于可以转化应用。衡量国防专利转化效率的最终指标是转化数量。国防专利的转化数量是以解密数量为基础,一般来说要小于解密数量。因为解密后的国防专利并不一定都适合二次开发转化应用,只有那些经过评估适合转化的技术才能进行转化。而在对技术转化与否进行评估之前,国防专利技术的供给和需求主体之间要进行信息交流。国防专利转化配置影响因素之间的关系如图2-5所示。

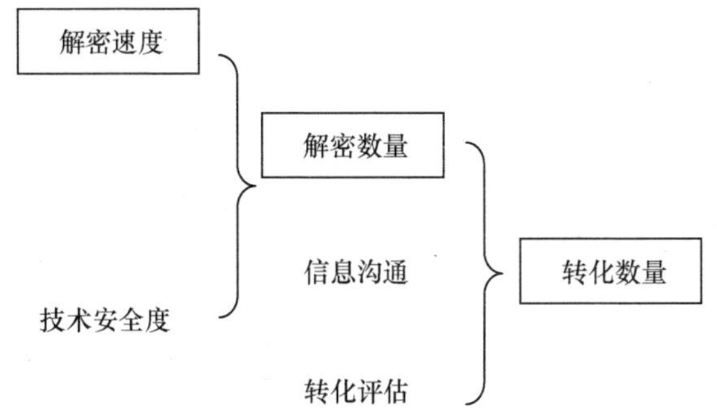

图2-5 国防专利转化配置影响因素之间的关系

说明:图2-5方框内的三个要素(解密速度、解密数量、转化数量)都可以作为衡量国防专利产权转化配置效率的因素。但是最终的衡量指标是在一定时期内国防专利的转化数量。而转化数量是由解密数量、信息沟通、转化评估三个因素相互作用、共同决定的。由于技术的安全度属于技术本身的属性,具有相对客观性。因此,一定时期内的国防专利的解密数量由解密的速度决定。

结论:影响国防专利产权转化配置效率的因素包括解密速度、信息沟通以及转化评估。

(二)引入自动解密机制

国外对于国防专利(通常称为"保密专利")的解密办法和程序有明确的规定。在美国,专利申请被下令保密的期限为一年,在规定的期限内要对是否解密或延长保密期进行审查,如果建议颁发保密令的国防部门出于国家利益的需要,要求该申请的发明继续保密,则专利与商标局局长在接到通知后应延长一年,依此类推。印度也规定自保密命令发出之日起9个月内且总时间间隔不超过12个月,应进行解密审查,经审查不需要保密的,应通知专利局,由专利局长撤销保密命令,并通知申请人。德国国防部保密专利事务处组织专家对保密专利申请或者保密专利每年进行审查,需要解密的,转为普通专利申请或者专利,进入专利与商标局的正常程序。法国在一般情况下,禁令期限为自申请日起 5 个月,在禁令期限届满前,应国防部长的请求,禁令可以延长 1 年并可再续,禁令也可以根据情况变化随时取消。

目前,我国国防专利的解密机制还不完善,仅仅规定了解密的条件,并没有给出确定的时间范围审查解密的条件,同时对于泄露国家秘密的行为予以严厉的法律惩处。因此,国防专利产权主体都不愿意触碰"安全"红线,以至于"解密"形同虚设,那些可以解密但没有及时解密的技术丧失了经济效益,降低了配置效率。图 2-6 所示是关于解密时间的变化对技术转化收益的影响的示意图。

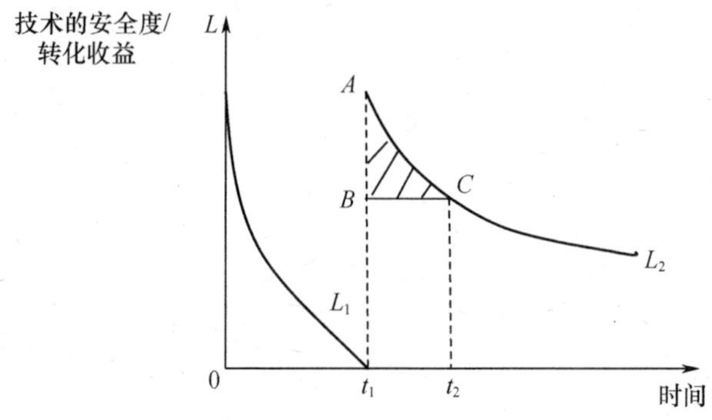

图 2-6　解密时间变化对国防专利转化收益影响

图 2-6 中,曲线 L_1 表示技术的安全度变化,随着时间的推移,技术的安全度越来越低,保密度越来越低,直至 t_1 时,安全度降为零,L_1 在 t_1 点时为 0,也就是可以公开解密。曲线 L_2 表示技术的转化收益,随着时间的推移,技术的转化收益越来越低,当技术刚刚可以解密的 t_1 时,转化收益最高(A 点)。但是现实是,国防专利产权主体不愿意承担泄密风险,国防专利迟迟不解密,假设国防专利到 t_2 时才解密,那么技术的转化收益就从最初的 A 点下降到 C 点,那么从 t_1 到 t_2,因为该专利的延迟解密带来的福利损失为 S_{ABC}(ABC 三点组成的面积)。因此推理可知,当实际解密时间与应当解密时间(技术的安全度为零,公开

技术无安全威胁）越近，所减少的社会福利越少；反之，当实际的解密时间与应当解密时间越远，所减少的社会福利越多。结论：应当设立技术安全度评价体系，对于技术安全度进行系统、科学的评价，对于可以公开的技术及时解密。

应当设置安全度评价体系对技术进行及时解密，那么应当选择什么时间对技术进行安全度审查呢？通过对技术安全度的变化规律分析大多数技术的保密时限，根据研究结果选择解密审查的最优时间。例如美国规定保密时期为一年，在此之前对技术提出解密审查，审查通过就在保密期满一年时解密；如果审查不通过，则申请延期一年。我国也可以借鉴美国的做法。先规定一个普遍适用的保密期，这个保密期限要经过调查研究分析得出。这个期限不能定得太短，否则只有很少的技术满足解密要求，那么大部分技术的解密审查都可能面临不通过的结局，所耗费的交易成本大；同时，这个期限也不能定得太长，如果与专利授权时间距离太长，以至于很多技术的“应当解密时间点”已经过了，那么就如图2－6所示，造成社会福利损失较大。所以，应当根据技术安全度的变化规律以及绝大多数技术的保密时限来选择普遍适用的解密时间点。

（三）完善信息沟通机制

在国防专利技术转化过程中，国防专利产权主体需要通过一定的信息渠道将供给信息传递给需求方，而需求方也需要知晓国防专利技术的供给信息。只有信息相对完全和详细，交易双方才能做出更加合理的选择。然而目前，国防专利供需信息交流不畅，远远不能满足国防科技创新与国民经济发展的需求，实践中增加了许多交易成本。例如，由于缺乏国防专利相关数据库，地方的技术需求部门需要通过主动挖掘、探听等手段才可能知晓国防专利技术情况；由于缺乏地方企业信息资源库，国防专利供给主体需要在广泛的范围内搜索合作方；由于缺乏国防专利交易信息发布系统，需求主体并不知道所需要的技术是否已经交易，从而可能出现无效洽谈情形等。

信息沟通机制包括以下内容：①整合资源，加强数据系统建设——建立国防专利技术信息数据库、地方企业信息数据库、数据与信息分析系统、交易信息发布系统等，增加交易双方信息的透明度；②提供平台，促成交流合作——建立促成国防专利交易的中介服务机构，搜集民用领域企业的技术需求信息，并将国防专利技术信息传递给地方的相关企业组织，那些不能从共享的数据库平台查询信息的企业可以通过中介组织搜集信息；③消除屏障，扩大网络覆盖范围——虽然军队和军工系统都已经初步建成了内部专网，但是两种网络间各自封闭，网络覆盖范围也有不同程度的局限性，网络应用由于受到保密制度的制约无法满足实际需求。需要建立军队和军工系统以及军工系统与民网之间的沟通渠道，使有关交易信息在交易主体之间能够方便共享。

（四）构建转化评估机制

转化评估是将已经解密的国防专利再次进行筛选的最后环节，经过转化评估认为合格的专利技术才能真正转化为民用。因此，转化评估决定了国防专利最终的转化数量。转化评估环节的设置能够增加转化配置效益。例如，通过对解密后技术的转化评估，能够筛选适合转化的技术，方便国家更有效率地利用资金进行扶持和引导；通过转化评估，能够对技术的转化方向和侧重点予以指导，有利于技术有针对性地转化，减少了转化过程中的交易成本；通过转化评估，能够全面评价技术与民用领域的融合度，明确技术可能的缺陷，有利于技术的进一步改进，为技术的再创新提供了思路。

转化评估机制包括以下内容：①建立评估机构。国防专利的转化评估机构也属于服务体系的组成部分。评估机构应具有相对独立性、公正性，运作要社会化、市场化，评估人员要专业化、多元化。评估机构可以建立专家库，选择合适专业的专家加入评估小组，确保评估的结果更加合理。②全面客观评估。需要对解密后的技术进行全面评估，包括可行性评估，主要考察技术上是否可行、操作上是否可行、与生产经营活动是否相容等；技术性评估，主要考察转化成果的工艺设计和技术方案是否合理，成果的技术特性结论是否合理等；经济性评估，主要考察技术转化过程中预期的风险和成本能否得到完全补偿，是否能得到投资收益等；风险性评估，主要考察技术在转化过程中可能存在的转化风险以及规避措施是否合理、有效等。③提供具体有针对性的指导。转化评估的目的一方面在于选择合适转化的技术；另一方面在于对可以转化的技术进行有针对性的指导，包括改进技术的方向、投入的行业领域、可预期的市场前景分析以及转化过程中对于可能面临风险的有效应对措施等。

本章小结

本章主要研究国防专利产权制度的配置效率。根据经济学中资源配置的效率标准，推衍出国防专利产权的配置目标是将产权资源合理配置，以实现配置效益的最大化，无限接近于产权配置的帕累托最优，具体可以描述为产权资源的物尽其用和产权流动的及时有效。以配置目标为导向，在遵循福利最大化、促进应用和及时转化原则的基础上，从国防专利产权的使用、许可、转让和转化四个方面对配置效果进行衡量。通过建立国防专利产权配置状态与时间的坐标关系，分析产权配置的动态效率损失，明确了可以减少的效率损失区间。详细梳理了国防专利产权配置低效的具体表现，并剖析了原因。提出了国防专利产权的优化配置策略。在实施配置方面，需要建立国防专利质量监督机制，严格审查国防研发项目的立项，坚持国防专利产权的有偿使用；在转化配置方面，需要引入自动解密机制，完善信息沟通机制，构建转化评估机制。

第三章 国防专利产权制度的激励效率

国防专利产权制度作为国防科技创新体系中的重要组成部分，是促进国防科技创新的重要驱动力，为鼓励自主创新提供了激励机制。从法律的本质来看，"任何法律本质上都是一种激励机制，其通过对权利与义务在社会中的分配，使个人行为的外部成本内部化，从而诱导个人选择社会最优的行为。"[117]从产权制度的功能来看，"激励乃产权制度的应有之意，产权制度降低外部性的功能，既激励权利人发挥财产的最大效益，又激励权利人之间通过交易来实现效益的增值。"[118]国防专利产权制度应当利用经济和法律的手段，给予创新主体最低以预期利益，"没有收获的预期，就无人劳力播种"[119]，从而影响创新主体的行为选择，最终目的是促进创新活动的持续进行，在实现个人效益最优的同时实现社会的整体效益最优。

第一节 国防专利产权制度的激励理论

一、激励目标：持续创新

在信息经济学中，激励是机制设计者（委托者）诱使具有私人信息的代理人从自身利益出发做出的行动符合委托人的目标。委托人设计激励机制的目的就是要最大化自己的期望效用。由利奥·赫尔维茨提出的"可自我实施机制"是一种有效的激励机制，能够诱导代理人主动实施委托人请求的最优激励机制，具有较强的可执行性和较小的运行成本。

"可自我实施机制"包括两个约束条件。①参与约束。如果让一个理性的代理人有任何兴趣接受委托人设计的机制，从而参与对策，代理人在该机制下得到的期望效用必须不小于他在不接受这个机制时得到的最大期望效用。②激励相容。在委托人不知道代理人类型的情况下，代理人在所设计的机制下必须有积极性去选择委托人希望他选择的行动。只有当代理人选择委托人所希望的行动能够得到的期望效用不小于他选择其他行动所得到的期望效用时，代理人才会积极地选择委托人所希望的行动。满足以上两个约束条件的激励机制可以称为“可自我实施机制”。

国防专利产权制度的激励目标就是设计一种“可自行实施机制”，能够最大化激励创新者努力持续创新，既满足机制设计者的期望目标，又能够使创新主体本身获得最大化的收益。第一，要使创新主体有兴趣参与合作。激励机制能够给创新主体带来的期望效用不小于其放弃进入该机制时的机会成本。激励机制应当吸引创新主体参与研发，具有创新的积极性。第二，要使创新主体努力的目标与机制设计者的期望的目标最大化地一致。国防专利产权制度激励的目的在于鼓励创新，激励机制的设计要使创新主体选择努力创新，为整体目标而努力工作，这样才能为自身带来最大化的收益。

“可自我实施机制”是一种富有效率的激励机制，它不仅能更好地激发国防专利创新主体的创新动机，增强国防专利创新主体的内在动力，使其始终保持一种持续创新的状态。同时，它能够极大地降低交易成本。第一，减少信息成本。委托者不需要在市场上广泛搜集代理人的信息，只需要发出需求及具体的激励内容，借此吸引潜在需求者应召前来参与博弈。如果缺乏好的激励机制，委托者还需要时间和精力搜寻合适的合作对象，并对其做动员工作，说服其牺牲个人利益满足国防需求，以道德和责任绑架代理人的利益需求。第二，减少谈判成本。既定的激励机制能够最大化地实现代理人的利益诉求，只需延循预置的激励机制的设定达成报酬契约的内容，或者对其微调，由此节省了在每次与委托者的谈判中为争取自身利益而讨价还价的活动。第三，减少监督成本。当激励不足时，代理人努力水平低，容易在工作中“偷懒”，并且对委托人隐藏行为，在提交工作成果时，很有可能隐藏最核心的技术,使得委托人得不到完整的国防专利成果。为了督促代理人努力工作和坦诚相待,委托人需要花大量的时间和精力去监督代理人的工作。但是在好的激励机制下,委托人设计时就考虑到代理人的机会主义行为,于是将自身的目标和代理人的诉求统筹考虑,最大化满足代理人的利益需求,从而不必在监督方面投入太多。

二、激励环节:双层激励

国防专利产权制度是对国防专利创新主体的激励。国防专利创新主体是指对于国防专利的生成贡献创新元素的组织和个人,主要包括研发主体和创新团队两类。由于他们是国防专利创新活动的具体组织者、实施者和创造者,因此他们的决策、管理、动力、行为对于国防专利创新的进度、成本和质量有直接影响。激励是持续激发对象的动机和内在动力,使其心理过程始终保持在激奋状态,鼓励其朝着所期望的目标采取行动的心理过程。因此在激励之前,重要的工作就是辨清激励对象的利益诉求,只有其利益诉求得到满足,才能激发进一步创新的积极性,增加创新的内在动力。根据国防专利产权生成后激励的顺序,可以将激励过程分为两个环节。

(一) 环节一:对研发主体的激励

国防专利产权是由投资主体的投资(财力投资、物力投资、管理投资)和研发主体的智力贡献共同形成的,投资主体和研发主体是国防专利产权的主要贡献力量。投资主体是指为国防专利项目研制提供物质资本的机构、单位和个人。由于在通常情况下,涉及国防研发项目所需要的资金投入巨大,因此投资主体主要来源于代表国家的政府机构或军队部门。尤其是在涉及具有显著军事利益的航海、航天、航空、国防工程、武器装备等高精尖技术国防专利产权,往往由国家全额出资形成。其他单位和个人也可以参与国防专利项目的投资。投资的形式可以为全额投资、也可以为共同投资。项目的研发主体也可以自行投资,此时,投资主体与研发主体是合二为一的。研发主体是承受资助或自行开展国防专利项目研发的高等院校、科研院所或企业等组织。实践中,国防专利研发主体主要包括军队系统的科研院所、地方高校和科研院所、国防科技工业系统的研究机构等。研发的形式包括独立研发和合作研发。研发主体一般来说，具有法人资格，在法律上能够独立承担法律责任。就研发主体而言，更加关注自身通过研发获得的经济利益回报。

（二）环节二：对创新团队的激励

创新团队是研发主体内部实际付出智力劳动的职务发明人[①]。创新团队一般都是基于研发项目组成的科研小组，成员对于最终智力成果的形成都做出了贡献。对创新团队的激励是国防专利产权制度激励的末端环节，他们的创新动力和努力程度直接影响了国防专利创新效率。经济学假定理性人在面临给定的约束条件下会最大化自己的偏好。就发明创造而言，如果国防专利产权制度安排不能满足创新团队在面临给定的约束条件下最大化个人理性的偏好，发明创造活动就无法持续下去。创新团队主要关注其智力投入所获得的利益回报和个人发展，包括物质利益和精神利益。对于创新团队的激励一方面来自于国家层面的法律制度规定，另一方面来自于研发主体自身的制度规范。前者具有强制性，只要是在法律制度统辖范围内的主体都要遵守并履行；后者具有灵活性，不同的研发主体根据自身的发展状况和环境制定的内部规范，只要不与法律规定发生冲突可以自行决定激励方式和范围。本书关注的是国家层面法律制度的相关规定，为其设置激励机制，以便更好地引导研发主体激励机制的设置。

三、激励的理想状态

在激励目标的指引下，需要构建“可自我实施机制”，如何对于目前国防专利产权制度的激励效果进行评价？哪种制度安排更具有激励效率？最关键的是要看被激励者——创新主体的创新状态。创新主体的创新状态可以通过以下几个方面来衡量：第一，愿不愿意参与研发，即研发意愿；第二，研发过程中的努力程度，即研发行动；第三，愿不愿

① 《专利法实施细则》第十三条规定：“专利法所称发明人或设计人，是指对发明创造的实质性特点做出创造性贡献的人。在完成发明创造的过程中，只负责组织工作的人、为物质技术条件的利用提供方便的人或者从事其他辅助工作的人，不是发明人或者设计人。”

意交付全部研发成果,即履约情况①。如果前两个方面可以通过设计激励机制来解决,那么第三个方面,履约情况就不仅仅是激励机制能够解决的了,更多的还需要设计合理的约束机制。本章仅从激励角度来探讨。

如何使创新主体愿意参与研发?如何使其在研发中更加努力?主要来源于内在的创新意愿,创新意愿又主要靠创新动力来拉动。创新动力来自于所设计的激励机制对创新主体期望利益的满足,归根到底是权利和利益的满足。

四、激励途径:优化产权结构,合理分配利益

给予创新主体以合理的权利和利益能够调动其创新的积极性,增加创新的内在动力。合理的权利和利益意味着必须把握好"度"。给予的权利和利益少了,激励不足,无法形成创新动力;给予的权利和利益多了,激励过剩,可能导致创新主体再次创新时的心理预期提升,未来的激励成本更高。因此,当对创新主体进行激励时,对于权利,应当明确权利主体以及权利行使方式、范围;对于利益,应当明确利益切分的方式以及量化比例。具体来说:第一,明确产权归属。国防专利产权的归属从法律的笼统意义上来说就是国防专利归谁所有。科斯定理表明,当存在交易成本时,产权界定对于资源配置是有影响的。因此,要提升激励水平和创新效率,就必须明确产权归属。产权归属是产权结构的基础,只有界定清楚产权的归属问题,才能对产权内部的各项权利进行进一步地界定。第二,明晰权利边界。国防专利产权是一个"权利束"。在清楚界定产权归属的基础上,要对产权内部权利进一步分配,配置给对国防专利成果的形成有贡献的主体。明确每一种权利的分享主体和每一类主体拥有的权利。第三,平衡各种利益。分析国防专利产权中所含的各类利益以及各类主体的利益诉求,依照对于国防

① 创新主体完成成果的情况在一定程度上也可以反映创新主体的创新状态,但是与其并不具有直接相关性。好的研发结果并不意味着是好的创新状态,同样,差的研发结果也未必一定是差的创新状态。影响研发结果的因素有很多,创新主体的研发意愿和研发行动会影响到研发结果,同时影响研发结果的因素还包括研发环境、研发基础、研发条件等。研发结果可以从一定程度上反映创新状态,但是并不具有精确性。

专利贡献的大小进行利益分配。保持各类主体之间的利益平衡,以及每类主体自身付出与收获的利益平衡。

第二节　权益分配的基础——国防专利产权的权利分解

明确产权归属、优化产权结构是国防专利产权制度实现激励功能的路径之一。国防专利产权结构是国防专利产权主体分享国防专利产权的具体方式。不同的国防专利产权主体与国防专利产权中的具体权利的不同组合形成了不同的产权结构。因此,在优化国防专利产权结构之前,分解并确定国防专利产权的子权利是必要的前提。

一、产权的“权利束”

产权是一个集合概念,其内部包含一系列可以分解的具体权利。《牛津法律大辞典》将产权分解为六种主要的权利,分别是占有权、使用权、出借权、转让权、用尽权和消费权[120]。理论界对于产权的权利束划分有不同的观点。作者认为,产权包括归属权、使用权、收益权和处分权。实践中,产权的内部权利往往并不仅仅同属于一人,而是属于多个不同的主体,多个主体可以同时拥有同一资产的同一属性或者不同属性,产权表现出可分性,也正因如此,产权交换和流动便不再困难。

(一) 归属权

归属权是指法律赋予主体完全占有,保护其不受他人侵夺的一种权利。这种权利具有绝对性和排他性。归属权包括以下几层含义:首先,它体现了产权主体对产权客体的占有关系,当归属权受到他人干扰和侵犯时,法律会提供强制性保护;其次,以归属权为基础,产权主体可以根据情况自由选择权利分解的类别以及权利配置的主体;再次,产权主体可以凭借法律赋予的归属权获得一定的经济回报。

(二) 使用权

使用权是指产权主体对资产进行利用、改变或消费产权客体的权利。使用权可以具体表现为三种情况:首先,在完全不改变产权客体的性质和形态的情况下进行利用和应用;其次,从一定程度上改变产权客体的形态但不影响其性质发生变化的情况下进行使用;再次,完全改变或耗损产权客体的情况下进行使用。消灭产权客体原有的物质形态,转换其存在形式。当使用归属权为他人的财产时,在未取得权利人许可的情况下,不得将其出租、出售或者改变质量。

(三)收益权

收益权是指产权主体通过利用产权客体获得一定经济利益的权利。产权主体需要在经济上实现自己和增值自己。人们拥有某物,都是为了在物之上获取某种经济利益以满足自己的需要,只有当这种经济利益实现后,产权才是现实的。如果享有产权对产权人毫无利益可言,产权人等于一无所有。产权在经济上得以实现表现为除了获取物的使用价值(使用)和价值(转让)之外,还要取得利用物化劳动所产生出来的新价值(收益)。

(四)处分权

处分权是指产权主体对于产权客体进行消费、转让和放弃的权利。对产权客体的消费属于事实上的处分,对产权客体的转让和放弃属于法律上的处分,两者都会导致产权的绝对或者相对的消灭。处分权是由产权客体的交换价值决定的,法律上的处分意味着客体的转让或灭失。各类产权主体对于自己财产的处分形成了产权流转与交换。

上述四种权利是构成产权的基本权利类别,事实上,每种权利内部还可以进行更加细致的分解,对于权利的分解过程实质上就是在多个产权主体间对权利的界定过程。产权是一种相对的存在,权利界定归哪个主体,那么这个主体相对于其他人就拥有产权,离开了其他人,产权的归属就无从谈及。

二、专利权的内部分解

法律中的专利权属于知识产权中的一个重要类别,是指在符合法定条件的发明创造的基础上,经国家专利主管机关依法授权产生的一定期间内的专有权利[121]。经过专利审批程序或其他合法程序取得专利权的专利权人,就取得了独占性地实施其专利技术的权利,除非法律特别规定之外,任何单位或个人以生产经营为目的实施该专利技术,都应当事先得到专利权人的许可。法学理论界认为,专利权人的权利包括以下几种。

(一) 独占实施权

独占实施权是指专利权人对其专利产品或者专利方法依法享有的进行制造、销售或者使用的专有权利。具体来说,除法律另有规定外,任何单位或者个人未经专利权人许可,不得以营利为目的制造、使用或者销售其专利产品,或者使用其专利方法以及使用、销售依照该专利方法直接获得的产品;任何单位或者个人不得为生产经营目的制造、销售其外观设计产品。独占实施权是专利权人的一项最基本的权利,它包括独占制造权、独占使用权和独占销售权。

(二) 实施许可权

专利权人有权许可他人实施其专利的权利。《专利法》第十二条规定:"任何单位或者个人实施他人专利的,除本法第十四条规定的以外,都必须与专利权人订立书面实施许可合同,向专利权人支付专利使用费。"这一规定就是专利权人依法享有专利实施许可权的法律依据。被许可人无权允许合同规定以外的任何单位或个人实施该专利。

(三) 处分权

专利权人的处分权表现为其有权将专利权作为一项财产权进行转让、放弃、赠与、投资或质押等处分。

(四) 标记权

标记权是指专利权人在专利权有效期内有权将专利标记和专利号标注在专利产品或该产品的包装上,或许可他人标注在依照专利实施许可合同制造、销售或进口的上述产品或产品包装上,并有权禁止他人未经其许可擅自使用其专利标记和专利号。

三、国防专利产权的权利构成

国防专利产权作为对国防专利不同分享方式的经济权利束,是由一系列权利构成的。在对国防专利产权内部权利划分时应当考虑以下因素:

(1) 国防专利产权是经济性权利束,所分解的权利应当具有经济性。按照前文所述,国防专利产权是行为人对国防专利的利用关系,体现一种经济性。专利权作为知识产权的一种,也存在组成权利的双重性,其内部权利构成中既包括人身性权利,也包括财产性权利[①]。由于人身性权利中不包含财产性的内容,不能作为国防专利产权的内部权利,因此,作为在专利产品上标注自己专利权人身份的权利不应当作为国防专利产权的内部权利构成。

(2) 国防专利产权应当遵循产权的组成架构,融入专利权的特色。对国防专利产权内部权利的分析应当按照产权的组成架构进行分析。根据对产权内容的分类,可以将国防专利产权分为国防专利归属权、国防专利使用权、国防专利收益权和国防专利处分权四类。专利权的内部权利所能发挥的功能和作用能够被产权的各项权利吸收和涵盖。独占实施权和实施许可权可以被产权体系中的使用权和收益权吸收。在界定国防专利产权的内部权利时,应当体现专利权的具体内容和特色,以区别于其他的产权类型。

(3) 国防专利产权的内部权利行使时应当体现国防限制性。国防专利产权是以国防专利为物质载体,国防专利与普通专利相比,具有“国防性”。国防专利产权制度一方面要激励国防领域的自主创新,另一方面要维护国家安全利益。因此当行使国防专利产权的各项权利时,基于维护国家安全利益的需要对权利的行使范围、方式等方面加以必要限制。国防专利产权的运行承载了维护国防安全、保护国家秘密的功能,可能在一定程度上限制了某些权利的完全行使。

根据以上分析,国防专利产权可以细分为国防专利归属权、国防专利使用权、国防专利收益权和国防专利处分权。这四类权利相互联系、相互影响、相互作用,共同构成统一的有机整体。

(一) 国防专利归属权

国防专利归属权是指国防专利在法律层面归谁所有,是国防专利产权的基础。通常情况下,国防专利的初始归属权属于国防专利申请

---

① 人身性权利是和权利人不可分割的,以人格或者身份利益为内容的权利,这些权利与权利主体密切联系,不能转移,不得集成甚至抛弃。财产性权利是可以与权利人的人格、身份相分离,以财产利益为其内容的权利,财产性权利一般不具有专属性,可以在不同的主体之间进行流动。马俊驹. 民法学[M]. 北京:清华大学出版社,2007:65.

权人所有，也就是国防专利原始产权主体。国防专利原始产权主体可以将产权内部的经济性权利进行分解、交易或转移。归属权的界定应当考虑国家安全因素。

（二）国防专利使用权

国防专利使用权是指使用国防专利或者许可他人使用国防专利的权利。使用国防专利包括运用国防专利技术进行产品制造、使用并销售。基于维护国家安全利益的需要，从制度层面对国防专利使用权进行了必要的限制。《国防专利条例》①规定：第一，国务院有关主管部门、中国人民解放军有关主管部门，可以允许其指定的单位实施本系统或本部门内的国防专利；第二，实施他人国防专利的应当在国防专利机构备案；第三，国防专利权人许可国外的单位或个人实施其国防专利的，应当确保国家秘密不被泄露，保证国防和军队建设不受影响，并向国防专利机构提出书面申请，对国防专利进行初步审查后，及时报送国务院国防科学技术工业主管部门、原总装备部审批。

（三）国防专利收益权

国防专利收益权是指利用国防专利技术获取物质利益的权利。获益的途径包括多种，可以通过销售专利产品获益，可以通过将国防专利技术质押、抵押等方式获益，可以以技术入股获益，可以转让获益等。

（四）国防专利处分权

国防专利处分权通常与归属权同属一个主体。基于国防专利的特殊性以及维护国家安全的需要，国防专利处分权存在一些特殊的限制性规定。《国防专利条例》②对于国防专利权的转让作了以下限制。第一，国防专利申请权和国防专利权禁止向国外的单位和个人以及在国内的外国人和外国机构转让。由于国防专利涉及国防秘密和国防重大利益，因此国防专利权仅限于在我国国内的单位和个人之间的转让。第二，向我国国内的单位和个人转让必须事先向国防专利机构提出书面申请，由国防专利机构进行初步审查后报送国务院国防科学技术工

① 《国防专利条例》第二十二、二十三、二十四条。

② 《国防专利条例》第七、八条。

业主管部门、原总装备部审批。有关国防专利的权利转让经批准后，当事人之间订立书面合同，并向国防专利机构登记，由国防专利机构在《国防专利内部通报》上刊登，转让自登记之日起生效。第三，在进行转让时，当事人应当确保国家秘密不被泄露，保证国防和军队建设不受影响。对泄露国家秘密的当事人将依法追究其刑事责任或给予行政处分。

第三节　第一层激励——研发主体分享国防专利产权

研发主体是承受资助开展或者自行开展国防专利项目研发的组织和单位，包括高等院校、科研院所、企业等组织。研发主体通常具有法人资格，在法律上能够独立承担法律责任。就研发主体而言，他们更加关注基于研发行为而获得的利益回报。这种利益回报主要体现为对国防专利产权的分享。

一、产权的明晰度对产出的影响[122]

通过上文的论述，国防专利产权制度主要通过优化产权结构，合理分配利益对创新主体进行激励。在存在交易成本的情况下，产权如何界定以及产权的明晰度对于产出是有影响的。产权明晰度是对产权界定程度的一种表述和体现。产权安排的明晰度会影响交易成本与交易主体对于价格的预期，从而最终影响到产出。产权安排的明晰度(m)、交易成本(c)、预期价格(p)和产出(y)的关系可以进行这样的推导：交易成本高，预期价格也高；交易成本低，预期价格也低。因此，交易成本与预期价格是一种正相关关系，可以表示为

$$p = f(c) \rightarrow \frac{\mathrm{d}p}{\mathrm{d}c} > 0 \qquad (3-1)$$

产权界定得越明晰，交易成本低，预期价格越低；产权界定得越模糊，交易成本高，预期价格越高。因此，产权界定的明晰度与预期价格呈一种负相关关系，可以表示为

$$p = f(m) \rightarrow \frac{\mathrm{d}p}{\mathrm{d}m} < 0 \qquad (3-2)$$

以预期价格 p 为自变量，t 表示时间，按照 Lucas 总供给曲线：

$$y_t = y_{t-1} + \alpha(p_t - p) + e_t \qquad (3-3)$$

其中

$$\frac{\partial y_t}{\partial p} = -\alpha < 0 \qquad (3-4)$$

因此，在 $p-y$（预期价格－产出）的空间上存在表示 p 与 y 呈现负相关（负斜率）的曲线：

$$y_t = f(p) = y_{t-1} + \alpha(p_t - p) + e_t \qquad (3-5)$$

将式(3－1)代入式(3－5)，就可以得到一条在预期价格 p－产出 y 空间上的表示交易成本与产出之间关系的曲线，表示为

$$y_t = y_{t-1} + \alpha(p_t - f(c)) + e_t \qquad (3-6)$$

则

$$\frac{\mathrm{d}y_t}{\mathrm{d}c} = -\alpha\frac{\mathrm{d}p}{\mathrm{d}c} < 0 \left(\because \frac{\mathrm{d}p}{\mathrm{d}c} > 0\right) \qquad (3-7)$$

将式(3－2)代入式(3－5)，就可以得到一条在预期价格 p－产出 y 空间上的表示产权明晰度与产出之间关系的曲线，表示为

$$y_t = y_{t-1} + \alpha(p_t - f(m)) + e_t \qquad (3-8)$$

则

$$\frac{\mathrm{d}y_t}{\mathrm{d}m} = -\alpha\frac{\mathrm{d}p}{\mathrm{d}m} > 0 \left(\because \frac{\mathrm{d}p}{\mathrm{d}m} < 0\right) \qquad (3-9)$$

由式(3－7)和式(3－9)可见，交易成本与产出关系曲线为负斜率，产权明晰度与产出关系曲线为正斜率。经济含义为：当产权界定越明晰，交易成本越低，预期价格越低，产出越高；反之，当产权界定越模糊，交易成本越高，预期价格越高，产出越低。

二、国防专利产权结构的对比分析

（一）我国国防专利产权结构

改革开放以来，我国政府投资产生的知识产权的权利归属由“收

权模式”逐渐向“放权模式”转变①,国防专利产权绝大多数是由国家投资形成的,但是仔细分析国防专利产权结构的制度规范和现实情况,作者认为,国防专利产权结构不够明晰合理。具体如下。

1. 国防专利产权延续国有化模式,但国家利益难以得到切实保障

涉及国防专利产权的产权结构的法律制度规范主要有《专利法》《合同法》《国防法》《国防专利条例》《武器装备研制合同暂行办法》等。《国防法》第三十七条规定,国家投入资金形成的技术成果属于国

① 梳理1978年至今涉及政府投资产权的知识产权归属的法律文件,作者认为,1978—2000年,知识产权归属主要体现国家的“收权政策”。2000年至今,体现了国家“放权政策”的趋势。具体如下:

1978年,原国家科委颁布的《关于科学技术研究成果的管理办法》规定:“科学技术研究成果属于全民所有。”

1984年,原国家科委颁布的《关于科学技术研究成果管理的规定(试行)》规定:“科技成果是国家的重要财富,全国各有关单位都可利用它所需要的科技成果。”

1987年,国务院颁布的《武器装备研制合同暂行办法》规定:“研制武器装备的技术成果归国家所有。”

1997年,全国人大颁布的《国防法》规定:“国家为武装力量建设、国防科研生产和其他国防建设直接投入的资金、划拨使用的土地等资源,以及由此形成的用于国防目的的武器装备和设备设施、物资器材、技术成果等属于国防资产。国防资产归国家所有。”

2000年,科技部颁布的《关于加强与科技有关的知识产权保护和管理工作的若干意见》规定:“除以保证重大国家利益、国家安全和社会公共利益为目的,并由科技计划项目主管部门与承担单位在合同中明确约定外,执行国家科技计划项目所形成的科技成果的知识产权,可以由项目承担单位所有。”

2002年,科技部、财政部颁布的《关于国家科研计划项目研究成果知识产权管理的若干规定》规定:“科研项目研究成果及其形成的知识产权,除涉及国家安全、国家利益和重大社会公共利益的以外,国家授予科研项目承担单位。”

2003年,科技部颁布的《关于加强国家科技计划知识产权管理工作的规定》规定:“国家科技计划项目及其形成的知识产权,除涉及国家安全、国家利益和重大社会公共利益的以外,国家授予项目承担单位。”

2004年,国务院、中央军委颁布的《国防专利条例》规定:“国防专利申请经审查认为没有驳回理由或者驳回后经过复审认为不应当驳回的,由国务院专利行政部门作出授予国防专利权的决定。”

2007年,全国人大常委会颁布的《科技进步法》规定:“利用财政性资金设立的科学技术基金项目或者科学技术计划项目所形成的发明专利权、计算机软件著作权、集成电路布图设计专有权和植物新品种权,除涉及国家安全、国家利益和重大社会公共利益的外,授权项目承担者依法取得。”

防资产，归国家所有。《武器装备研制合同暂行办法》(以下简称《暂行办法》)第十五条规定，研制武器装备的技术成果归国家所有。《专利法》第八条规定，委托完成的发明创造，除另有约定之外，专利申请权属于完成者。《合同法》第三百三十九条规定，委托完成的发明创造，除另有约定之外，申请专利的权利属于研发人。根据特别法优于一般法的法律适用原则，《国防法》和《暂行办法》中关于国防专利产权的规定属于《专利法》和《合同法》中的“另有约定”，这意味着判定国防专利的归属应当以《国防法》和《暂行办法》为准。《国防专利条例》仅仅规定了国防专利权授予经过国防专利主管部门审查合格的国防专利的申请者，但并未规定谁有资格申请，没有明确国防专利产权归属。因此，从目前的法律法规的规定来看，对于国防专利的归属是一致的，都是笼统地属于国家所有。但是由于国家作为产权主体，空洞而抽象。法律制度中并没有具体规定由谁代表国家作为产权主体。这就造成了国防专利产权名义上属于国家所有，但事实上由承担研发项目的单位或其上级部门申请、维护和适用国防专利权，从而致使国家并不能及时有效掌握国防专利的实际内容，出现谁都不管、权责不清现象，造成国防资产的流失，国家利益得不到真正保障。

2. 国防专利产权类别未给予明确，研发主体的权利无法有效保护

从上述对于国防专利产权结构的法律依据的分析，可以得出对于国防专利产权归属仅仅是笼统规定，并没有对其中的具体权利类别进行细分。国防专利可以由不同的投资形式形成，不同的投资形式形成的国防专利产权结构应有所差异，目前这种不分情况笼统冠以“国有”的归属模式并不能保证产权主体的利益始终最大化。由国家投资开展的国防技术研发项目合同是依据《暂行办法》以及实施细则等军事规章制定的标准合同文本，研发主体相对于投资主体(通常是军方代表国家投资)属于弱势群体，对于合同文本没有选择的余地。研制合同文本中规定，甲方(军方)享有对国防专利技术的无偿使用权；当研究成果需要服务于武器装备建设时，乙方(研制主体)不得收取转让费；甲方有权参与权益分配等。这些条款的内容严重地缩减了研发主体的收益权，实践中研发主体往往在完成研制任务后，按照军方的需要将国防专利无偿转移到军工企业进行生产，生产活动及其收益与研发主体

再无关系,这严重挫伤了研发主体的创新积极性;同时,军方要求研发主体将技术资料无偿交出,切断研发主体后续可能的维修和保障任务,也会影响研发主体的经济效益。

3. 国防专利产权的权利边界模糊,基于国防利益对权利的限制程度需要进一步明确

国防专利产权的具体权利行使的方式和范围并未明确规定,尤其是国家基于国防安全利益的需要对国防专利产权的限制没有明确的规范。《国防专利条例》赋予了国务院有关主管部门和解放军有关主管部门指定实施权,但是指定实施权毕竟是对国防专利产权主体使用权的一种限制,对于该权利的行使条件、程序以及产权主体存有异议时的救济并无配套规定。同时,在《国防专利条例》中对国防专利的转让权也作了限制,只允许向国内的中国单位和中国公民转让,而且要经过主管部门的批准。作者并不认为应当给予国防专利产权主体充分的转让自由,但根据不同的权利受让主体(具备保密资质和不具备保密资质)可以进行区别对待。在保证国家安全的情况下给予产权主体尽可能多的权利自由。

(二)美国国防专利产权结构[123]

世界主要军事强国都非常重视国防专利的战略性功能,逐步建立了一整套有关国防专利(国外通常称“保密专利”)的法律制度体系,其中在国防专利产权结构方面,美国是相对典型和完善的。作者将美国的相关规定单独抽取出来进行分析比对,以期归纳得出有益经验。

在20世纪60年代之前,美国政府投资开发的研究成果(专利权)的归属问题大致有两种处理原则:“收权原则”①和“放权原则”②。1963年,肯尼迪总统发布了有关政府资助项目产生的专利成果归属的“总统专利政策说明”③。但该政策规定得过于笼统、操作性不强,被束之高阁。20世纪80年代后,美国政府对传统的专利政策进行了反思

---

① 主张政府资助所产生的发明创造属于政府所有。

② 主张政府资助产生的发明创造属于承包商所有。

③ “总统政策说明”规定,在政府获得专利权能够更好服务于公共利益时,那么专利权就归属于政府,否则就由研究开发单位保留。

和修正，颁布了《拜杜法案》。该法案系统地规范了国家资助形成的专利成果权益分配方案，是美国国防知识产权发展的重要里程碑，适用于美国所有的政府机构，包括国防部和军队。通过梳理相关的法律规定，作者认为，美国国防专利产权结构具有以下特点：

1. 明确了专利权利归属的目标和原则

根据 1983 年总统专利备忘录和相关的行政命令规定，在法律允许的范围内，对于联邦政府提供全部或者部分资金、由承包商研究产生的可获得专利的发明，无论大小承包商，各行政部门和各个机构领导都应当将发明的专利权给予承包商，同时，由政府免费使用这些专利，以促进这些发明的商品化。制定这一政策旨在：运用专利制度，促进联邦资助的研究或发展所产生发明的使用；鼓励工业界最大限度地参与联邦资助的研究和发展工作；确保以有利于推动自由竞争和企业发展的方式利用这些发明；促进美国工业界和劳工界在美国做出的发明的商品化；保证政府对联邦资助所产生的发明拥有充分的权利，以满足政府的需要，并防止因不使用或不合理使用发明而损害公共利益；最大限度地减少本领域管理政策的成本①。

2. 规定了详细的专利权利配置

关于国防专利产权的权利配置可以通过《美国法典》《联邦采办条例》《联邦采办条例国防部补充条例》以及《美国国防部合同知识产权问题指南》等法律文件找到依据。美国在处理国防专利产权归属时，明确规定了归属于国防部以及承包商的条件。通常情况下，涉及国防安全利益的重大发明或者保密专利由国防部所有②。当国防专利产权归属于国防部的情况下，承包商享有非独占、可被撤销的免费

---

① 《美国联邦采办条例》第 27 部分“专利权、资料权与版权”中 27.302 政策(a)。

② 存在下列情况时，专利权归国防部所有：1. 按照法令或者通过总统授权，由情报或反情报部门确认，由其拥有专利权能够更好地保护此类活动的安全；2. 经国防部确认，由其拥有专利权能更好地保护国防利益；3. 主要使用了武器发展计划和核动力推进计划中的设施所产生的发明专利；4. 国防部投资且主要研究与生产设备由国防部提供；5. 承包商在美国境外，或在国内但受外国政府的控制；6. 承包商没有在规定期限内按国防部要求提出专利申请，或提出申请但未在规定期限内提出保留专利权的要求，或已保留专利权后又自动放弃的。(《联邦采办条例》27.302(d)政府接收所有权的权利)

使用权[①]、侵权免责权[②]、经济补偿权[③];承包商需要承担定期报告的义务。当国防专利产权归属于承包商时[④],国防部享有指定使用权[⑤]、审批权[⑥]、介入权[⑦]、免费使用权[⑧];承包商承担定期报告情况、维护国防部利益、保障发明人利益的义务。

3. 重视合同约定的方式

在规范政府采办中涉及知识产权问题时,美国除了通过正式制度约束外,还非常重视合同约定方式处理此类问题。2001 年 10 月 15 日,美国国防部负责采办、技术和后勤的副部长办公室公布了《国防部合同知识产权问题指南》(原名为《知识产权:在商海中航行——与商业公司谈判知识产权时的问题和解决办法》),该文件是美国国防部培训用的处理知识产权的一般性问题的指南,重点是对国防部与商业性非传统国防承包商合作时的知识产权问题进行说明。另外,在配置专利权利和义务时,给予合同主体通过合同另作约定的自由,以便双方根据情势做出最佳选择。

---

① 承包商拥有可以在世界各地使用该发明的非独占、可被撤销的免费使用许可证;承包商所属国内分公司或占股的配套厂商拥有非独占、可被撤销的免费使用许可证;经国防部批准,承包商有权转让上述性质的许可证。

② 承包商在执行研制开发合同过程中,为了国防利益可以侵权使用其他美国专利,被侵权人一般只能向政府提出赔偿要求,由政府负责赔偿。

③ 承包商的利益受到损害时,有权向政府申请合理的经济补偿。

④ 存在下列情况时,专利权归承包商所有:1. 如果国防部有关部门认为,承包商保留专利权比国防部拥有专利权更能有效地保护国防利益;2. 在有关共同投资、分摊成本的研究开发项目中已约定应由承包商保留专利权;3. 能够证明承包商在执行政府合同之前已投入巨额资金或已购置重要设备。(《联邦采办条例》52. 227 - 11“专利权—由承包商保留(简单条款)” 52. 227 - 12“专利权 - 由承包商保留(详细条款)”)

⑤ 国防部有权指定其他承包商为国防目的免费使用专利。

⑥ 国防部为更好地保护国防利益,对保密、解密、实施转让和优先使用等有审批权。

⑦ 在一段合理长的时间内,承包商没有采取有效措施将发明用于民品开发,国防部有权要求承包商将专利的非独占或独占使用许可给符合条件的申请人使用。承包商不服的,可以提出上诉。美国联邦政府的介入权有两种方式:一是依职权主动介入;二是依第三方申请而介入。

⑧ 国防部拥有在世界各地非独占、不可撤销的免费使用权以及优先发展本国工业的权利。

（三）对比与启示

通过上文对于我国和美国国防专利产权结构的梳理分析，作者认为，我国目前规范国防专利产权结构的法律体系还不够完善，尤其缺乏国家投资形成的国防专利归属政策规定，产权归属过于笼统，产权结构不够明晰，不利于激励研发主体创新的积极性，制度激励效率偏低。而美国国防专利产权归属政策相对健全完善，产权结构相对清晰，可操作性较强，值得我们借鉴。第一，国家安全利益是美国进行国防专利产权结构设计首先考虑的因素。国家安全利益优先，在保证国家安全利益的基础上兼顾社会公共利益和承包商的个人利益。当专利成果涉及国家重大安全利益，采取国防部所有原则；当专利成果不涉及国家安全利益时，按照普通专利法的归属原则处理。第二，在明确产权归属情况下，对国防部和承包商的权利义务作细化规定。第三，重视合同约定和利益平衡。倡导合同优先原则，有合同约定的按照合同约定处理，兼顾国防部、承包商、合作方以及科研人员各个方面的利益。第四，与美国相比较，我国无论是在政治体制、法律文化、经济发展、科技实力以及知识产权制度的成熟程度等各个方面都存在差别，因此，对于美国在国防专利产权结构制度中好的元素可以吸收借鉴，但需要结合自身的特点进行调整，使之适合我国当前的国情。

三、基于生成要素的初始产权结构

排除其他外在因素的影响，单就“贡献 - 回报”这一分配的一般规律，国防专利产权的初始结构应当与主体对国防专利技术生成的贡献率直接相关。贡献大的，所分享的产权份额多；贡献小的，所分享的产权份额少。分析国防专利产权的初始结构，有利于明确各类产权主体在国防专利产权中的原始份额，同时，也为进一步分析国防专利产权结构的特殊性奠定了基础。

（一）国防专利产权的生成要素

国防专利技术的产生是由一系列因素共同作用的结果，这些因素主要包括支持国防专利项目的资金费用、直接参与国防专利项目研发的设施设备、为国防专利项目投入的智力劳动、对国防专利项目的组织管理、国防专利项目前期的研究成果基础，国防专利技术生成要素如图3-1所示。这五种要素基于国防需求牵引以及资本增值冲动,通过能量和价值的转移,在国防科研项目中形成共存关系,共同生成国防专利技术。按照西方经济学的要素收入分配理论,依据"贡献-回报"的分配规律和原理,各种生产要素都可以根据其在生产中所做的贡献获得相应报酬;否则就会出现不公正,从而扭曲了有效的资源配置,造成效率损失[124]。由此推论,国防专利技术成果的生成要素的拥有者有理由作为分享国防专利产权的主体。

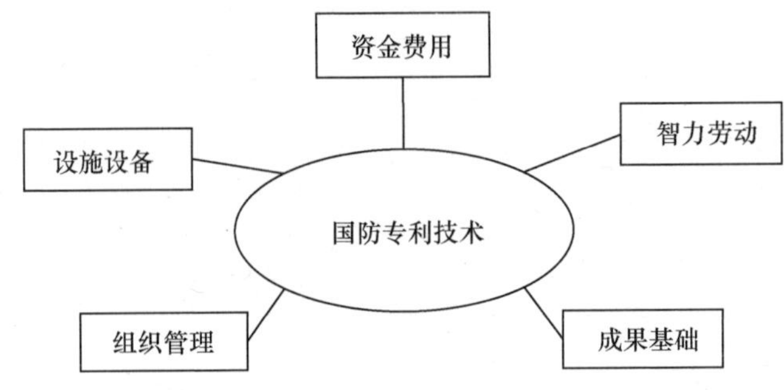

图3-1 国防专利技术生成要素

(二)国家全额资助形成的国防专利技术——国有产权模式

国家全额资助形成的国防专利技术,其生成要素客观上并未发生变化,然而要素之间相互作用形成的生成机理发生了变化,从而导致在归属模式上的差异。在国家全额资助的情况下,组织管理、智力劳动、设施设备以及成果基础四类要素已经与国家所出的货币发生了价值置换,于是这四类生成要素的拥有者所应当分享的产权也由于价值的置换发生转移。这使得原本基于生成要素取得的分散产权集中整合于货币出资者手中。事实上,国家全额资助的国防研发项目是由代表国家的政府或者军队的有关部门与研发主体(可以是单一的研发主体,也可以是合作研发)签订研发合同。而组织管理、智力劳动、设施设备以及成果基础这四类生成要素的拥有者都是研发主体。研发合同可以看作国家委托研发主体研发所需技术的委托代理合同,最终形成的专利技术(研究成果)归国家所有。

(三)联合资助形成的国防专利技术——复合产权模式

国防科研投资并非完全来自国家,很多情况下国家只是投资主体之一，研发主体或者第三方也可以成为投资主体；有时由于国家拨款不足，在研发过程中，研发主体需要自己补资研发。那么组织管理、智力劳动、设施设备以及成果基础这四类生成要素与货币出资并未发生完全置换，所形成的国防专利产权由各个生成要素的拥有者共同分享。联合资助研发的形式主要分为两种：第一，国家部分出资，研发主体自筹部分资金；第二，国家与其他投资主体共同资助。由于组织管理、智力劳动、设施设备以及成果基础这四类生成要素的拥有者通常都是研发主体。因此无论哪种投资组合，最终形成的国防专利产权都是由投资主体和研发主体共同享有。

（四）自筹资金形成的国防专利技术——约定产权模式

自筹资金是指由研发主体寻找除了国家之外的投资主体进行研发项目的投资。投资主体包括研发主体本身以及除国家之外的投资人。由自筹资金形成的国防专利产权按照生成要素在形成国防专利技术时的贡献比例进行分享。当然，由于研发合同双方属于私主体（不带有公权力色彩），基于研发合同所产生的技术成果的归属可以依据现行《合同法》的相关内容进行判定。《合同法》第三百三十九条规定："委托开发完成的发明创造，除当事人另有约定的以外，申请专利的权利属于研究开发人。"第三百四十条规定："合作开发完成的发明创造，除当事人另有约定的以外，申请专利的权利属于合作开发当事人共有。"这就意味着，对于自筹资金的研发项目，有约定产权归属的按照约定处理，无约定时归属于研发主体①。

四、基于安全与激励的现实产权结构

由于国防专利产权具有特殊性，因此，并不能完全按照生成要素的贡献比例确定其产权结构，而应当在初始产权结构的基础上，针对国防专利产权的特点，融入安全与激励的考虑因素，确定一种适合国防专利产权的现实产权结构。这种现实产权结构不仅能够更好地维护国家安全，也能够更好地保障研发主体的利益，激励研发主体更有动力投身于

① 在各个生成要素中，智力劳动对于技术成果的贡献比例相对大，因为技术成果主要是通过智力劳动获得的。

国防科技创新活动中。

(一) 国家安全利益是首要考虑因素

国防专利与普通专利最大的区别在于其国防性。普通专利权制度首先要考虑对发明创造者的激励,鼓励创新,然后再考虑发明创造者与使用者之间的经济利益平衡。而国防专利产权则不同,国防专利是国家战略资源的组成部分,是国家战略威慑力的重要体现,也是国家战略高技术领域创新能力的重要标志,对于维护国家安全意义重大。维护国家安全利益应当是国防专利产权制度的首要目标。国防专利产权需要在维护国家安全利益的框架下运行,在进行国防专利产权结构设计时首先考虑的因素也是要维护国家安全利益。这就要求:第一,若国防专利成果涉及国家重大安全利益,国家需要对其拥有绝对的管控力,此时国防专利归国家所有;第二,若国防专利成果不涉及国家重大安全利益,在国有产权模式和复合产权模式下,国家可以将产权合法授予研发主体,国家保留为国防目的的无偿使用权;在约定产权模式下,依然延循原有的产权模式。但是基于维护国家安全利益的需要,国家有必要对国防专利产权的运行加以必要的国防限制。

(二) 产权激励:最大化地让渡权利

产权激励是一种高效的激励创新制度。产权激励是建立在初始产权模式的基础上,以考虑维护国家安全利益为前提,国家通过最大化地合法让渡产权及其权利给研发主体,培养其创新的内在动力,引导后续创新行为的产生。通过对国防专利成果的安全属性进行分析,只要其不涉及国家重大安全利益,不需要国家绝对管控的,产权都可以合法地让渡给研发主体,使研发主体成为合法的产权主体。

(三) 利益补偿:弥补产权征收的损失

法律设立补偿制度主要是基于特定的公民、组织的合法权益因公共利益而受到特别损失而给予的补偿①。在国防专利产权运行的过程中,基于维护国家安全利益的需要,国家对研发主体产权的征收会导致

① 行政法理论对于行政补偿的理论基础进行了广泛而深入的探讨,形成了各种学说。主要有:特别牺牲说、公共负担平等说、结果责任说、危险责任说、不当得力说、人权保障论、保障即得权利说、社会协作论、社会保险论、平均损失说、社会职务说、恩惠说等。

研发主体为公共利益作了特别牺牲，而“国家对于为了社会公共利益强加于一个人的任何特殊义务都必须承担补偿责任”[125]。在国防专利产权运行中，国家对研发主体存在两种利益补偿情形：第一，基于维护安全，国家对联合投资形成的国防专利产权进行国有化；第二，基于维护安全，国家对自筹资金形成的国防专利产权进行国有化①。作者认为对于国防限制性权利的行使不需要补偿。因为补偿存在的基础是基于公共利益国家突破法律关于所有权的规定而对权利主体的权利进行干预。而国防限制性权利在国防专利产权制度中原本就是合法的在先存在，这种在先存在源于“国防性”，因此，不存在突破对国防专利产权制度的规定。

（四）意思自由：倡导尊重双方约定

国防专利产权结构的确定一方面取决于制度规定，另一方面取决于签订研发合同的双方关于权利义务的约定。只要不违反制度的强制性规定——国家安全原则，可以进行相对自由的约定。合同是具体化了的法律。研发合同双方根据各自利益需求与博弈状况，能够设置使双方利益最大化的产权结构。这种产权结构能够真实反映国防专利产权存在和运动关系，也能够使合同获得更有效地执行。

第四节　第二层激励——创新团队获得创新回报

创新团队是国防科研创新的原动力和最终落实者，其创新的积极性直接关系到国防科研创新的步伐和质量。在国防专利技术创新活动中，创新团队通常是研发主体内部的科研人员基于对科研任务的受领而组成的科研团队。在绝大多数情况下，创新团队属于职务发明人的范畴。职务发明人是指执行本单位的任务或者主要利用本单位的物质

① 对于国家全额资助形成的国防专利产权不存在征收问题，因为初始产权就是国家国有，基于国防专利成果的安全系数，涉及重大国家安全利益的国防专利仍然属于国家所有，不存在从研发主体手中再拿回产权的情况。

条件完成发明创造的人员。本节对于创新团队获得创新回报的探讨实际上涉及国防专利职务发明人的创新回报问题[①]。

一、创新回报的现实考察

(一) 创新团队的权利及其制度依据

为激励创新,调动发明创造人的积极性,我国在职务发明制度设计中,赋予了职务发明人一系列的权利,主要包括署名权、申请专利权、奖励报酬权、成果转化权、优先受让权。

1. 署名权

署名权是指发明人表明身份的权利,属于发明人最基本的权利,也是与发明人人身密切相关的精神性权利,具有永恒性。《专利法》第十七条规定:“发明人有权在专利文件中写明自己是发明人。”而发明人是指对于发明创造的实质性特点做出创造性贡献的人[②]。按照法律规定对于“发明人”的界定,研发主体属于发明人(创新团队)所在的单位,它仅仅为发明创造提供辅助条件,而非对发明创造本身的显著进步带来实质的帮助,因此,研发主体不是法律中的“发明人”,也就不能享有发明创造的署名权。《国家高技术研究发展计划知识产权管理办法》第十九条也规定,执行“863”计划所产生的发明创造的精神性权利,属于对该发明创造做出创造性贡献的人,也就是发明人[③]。

---

① 有些学者认为:基于科研任务性质的差异,国防科研创新人员的创新回报应当有别于普通职务发明人的创新回报,但是作者认为两者不应当有所差别。因为:第一,同是职务发明人应当执行的法律标准相同;第二,科研任务的不同不仅仅存在于国防科研和普通科研之间,如果以科研任务的种类为回报差别的基础,那么科研任务的难度也应当纳入其中,事实上法律并没有差别对待。这里的创新回报主要是探讨国防专利的职务发明人(创新团队)在国防专利授权后获得的回报,包括权利和利益两个部分。

② 《专利法实施细则》第 12 条规定:“专利法所称发明人是指对发明创造的实质性特点做出创造性贡献的人。在完成发明创造的过程中,只负责组织工作的人、为物质技术条件的利用提供方便的人或者从事其他辅助工作的人,不是发明人。”

③ 《国家高技术研究发展计划知识产权管理办法》第 19 条也规定:“执行‘863 计划’所产生的发现权、发明权和其他科技成果等精神权利,属于该发现、发明和其他科技成果单独做出或者共同做出创造性贡献的人,发现人和发明人以及其他职务发明人享有在科技成果文件中写明自己是科技成果完成者的权利和取得荣誉证书、奖励的权利。”

2. 申请专利权

当研发主体放弃申请专利权时，在一定的条件下，职务发明人可以就发明创造申请专利权。《专利法》规定，职务发明的单位和职务发明人之间可以就职务发明的归属作出约定，而且约定优先①。《国家高技术研究发展计划知识产权管理办法》规定如果职务发明的完成单位在规定的时间内没有申请专利的，发明人可以申请专利，但是前提是需要经过专家委员会的批准②。

3. 奖励报酬权

奖励报酬权包括奖励权和报酬权③。奖励权是指发明人基于发明创造活动以及取得的成果，获得研发主体一定数额的奖励。报酬权是指研发主体从发明创造的转化收益中提取一定比例分享给发明人，也称转化收益的分享权。奖励报酬权是职务发明制度中着墨最多的权利，许多法律条文对此都有或多或少的规定。作为专利领域的基本法《专利法》对于职务发明人的奖励报酬权仅仅做了原则性的规定④。《关于加强国家科技计划知识产权管理工作的规定》和《关于国家科研计划项目研究成果知识产权管理的若干规定》对发明人的奖酬权也是

---

① 《专利法》第6条第3款规定："利用本单位的物质技术条件完成的发明创造，单位与发明人或者设计人订有合同，对申请专利的权利和专利权的归属作出约定，从其约定。"

② 《国家高技术研究发展计划知识产权管理办法》第10条规定："研究开发单位在规定期限内不申请专利的，被授权的单位或完成发明创造的课题组成员经专家委员会批准，可以就所完成的发明创造申请或共同申请专利。"

③ 对于职务发明人能否基于职务发明创造获得工资之外的报酬，之前有过争论。一种观点认为，职务发明是基于劳动合同关系在发明人履行职务的过程中产生的，雇主已经付出了工资，发明人不应当有额外的报酬；另一种观点认为，职务发明人与单位虽然存在雇佣关系，但是这种雇佣关系不能成为雇主占有雇员全部智力劳动的理由，当职务发明归属单位时，雇员应当获得额外报酬。现行的法律采纳了后一种观点。因为职务发明人的工资仅仅是一般科技劳动力价格的表示，这与职务发明人的创造性成果给社会和单位带来的相对社会价值和剩余价值是无法比拟的。

④ 《专利法》第16条规定："被授予专利权的单位应当对职务发明创造的发明人给予奖励；发明创造专利实施后，根据其推广应用的范围和取得的经济效益，对发明人给予合理的报酬。"

笼统的提及[①]。《专利法实施细则》在《专利法》的基础上，规定了以约定方式确定奖励与报酬的方式和数额，未约定的，设定了奖励与报酬的最低限额。一项发明专利的奖金不少于3000元；发明创造被实施的，从实施该项发明的营业利润中提取不低于2%作为发明人的报酬，或者参照该比例一次性支付，许可他人实施的，从收取的许可使用费中提取不低于10%作为发明人的报酬[②]。《国家高技术研究发展计划知识产权管理办法》规定，技术成果被实施的，每年从所得利润纳税后提取1% ~2.5%支付，或者参照该比例一次性支付；转让技术成果的，从转让所得费中提取10% ~15%[③]。《关于促进科技成果转化若干规定的通知》规定，技术转让的，应当从技术转让费中提取不低于20%的比例用于奖励；实施技术成果时，在连续3~5年内，从年净收入中提取不低

① 《关于加强国家科技计划知识产权管理工作的规定》第6条规定："科技行政管理部门在下达任务书或签订合同时，对涉及国家安全、国家利益和重大社会公共利益的项目，应当明确约定国家对研究成果拥有的权利，并指定机构负责成果及其知识产权的管理，同时保障研究开发人员根据法律法规和政策应当享有的精神权利、奖励和报酬。"

《关于国家科研计划项目研究成果知识产权管理的若干规定》第8条规定："项目承担单位要按照有关规定，对科研项目研究成果完成人和为成果转化做出贡献的人员给予奖励和报酬。"

② 《专利法实施细则》第76条规定："被授予专利权的单位可以与发明人约定或者在其依法制定的规章制度中规定专利法第十六条规定的奖励、报酬的方式和数额。"

《专利法实施细则》第七十七条规定："被授予专利权的单位未与发明人约定也未在其依法制定的规章制度中规定专利法第十六条规定的奖励的方式和数额的，应当自专利权公告之日起3个月内发给发明人或者设计人奖金。一项发明专利的奖金最低不少于3000元。"

《专利法实施细则》第七十八条规定："被授予专利权的单位未与发明人约定也未在其依法制定的规章制度中规定专利法第十六条规定的报酬的方式和数额的，在专利权有效期限内，实施发明创造专利后，每年应当从实施该项发明的营业利润中提取不低于2%，作为报酬给予发明人；或者参照上述比例，给予发明人一次性报酬；被授予专利权的单位许可其他单位或者个人实施其专利的，应当从收取的使用费中提取不低于10%，作为报酬给予发明人。"

③ 《国家高技术研究发展计划知识产权管理办法》第18条规定："研究开发方应当从实施或转让科技成果所获得的收益中提取一定比例作为报酬，支付参加研究开发的课题成员。实施技术成果的，每年从所得利润纳税后提取1% ~2.5%支付，或者参照上述比例一次性支付；转让技术成果的，从所获得的使用费中纳税后提取10% ~15%支付。"

于5%的比例用于奖励,或者参照该比例给予一次性奖励[①]。

2013年1月5日,国家知识产权局、教育部、科技部、中国人民解放军原总装备部等13个部门联合印发了《关于进一步加强职务发明人合法权益保护,促进知识产权运用实施的若干意见》(以下简称《若干意见》),这是我国首个针对职务发明人合法权益保护出台的专门规定。该《若干意见》中规定,实施发明专利的,以不低于实施该专利的营业利润3%的报酬给予发明人;转让和许可他人实施的或者以专利技术出资入股的,以不低于转让费、许可费和出资比例20%的报酬给发明人[②]。

4. 成果转化权

《促进科技成果转化法》中赋予了职务发明人在一定条件下有对科技成果进行转化的权利。这一权利设定的目的在于解决目前大量具有应用价值的职务发明完成后,研发主体往往只注重评奖而忽视对其的实施转化应用的问题。但是这个权利的行使是有条件的:第一,职务发明人所在单位未能及时实施应用科技成果(科技成果完成后1年未实施转化);第二,职务发明人与单位之间存在在先的协议,该协议对于职务发明人的转化权利有明确的约定;第三,该权利的行使是在不更改职务科技成果权属的前提下进行的[③]。

---

① 《关于促进科技成果转化若干规定的通知》第二条规定:"科研机构、高等院校转化职务科技成果,应当依法对研究开发该项科技成果的职务科技成果完成人和为成果转化做出重要贡献的其他人员给予奖励。其中,以技术转让方式将职务科研成果提供给他人实施的,应当从技术转让所取得的净收入中提取不低于20%的比例用于一次性奖励;自行实施转化或与他人合作实施转化的,应在项目成功投产后,连续在3~5年内,从实施该科研成果的年净收入中提取不低于5%的比例用于奖励,或者参照此比例给予一次性奖励。"

② 《关于进一步加强职务发明人合法权益保护,促进知识产权运用实施的若干意见》第八条规定:"在未与职务发明人约定也未在单位规章制度中规定报酬的情形下,国有企事业单位和军队单位自行实施其发明专利权的,给予全部职务发明人的报酬总额不低于实施该发明专利的营业利润的3%;转让、许可他人实施发明专利权或以发明专利权出资入股的,给予全体职务发明人的报酬总额不低于转让费、许可费或者出资比例的20%。国有企事业单位和军队单位拥有的其他知识产权可以参照上述比例办理。"

③ 《促进科技成果转化法》第三条第一款规定,国有科研机构、高等学校持有的高新计划成果在成果完成后1年未实施转化的,科研成果完成人和参加人在不变更职务科技成果权属的前提下,可以根据与本单位的协议进行该项技术成果的转化,并享有协议约定的权益。

5. 优先受让权

优先受让权是指当研发主体计划将自己拥有所有权的发明创造转让给他人时，同等条件下，职务发明人有优于其他人先获得转让的权利。发明人的这一权利在《合同法》和《关于国家科研计划项目研究成果知识产权管理的若干规定》中都有规定，法人或其他组织转让职务技术成果时，同等条件下，职务发明人有优先受让权①。如果研发主体违背约定进行不合理的技术转让，职务发明人可以行使此项优先转让权进行抗辩。

（二）存在问题分析

前文对于职务发明中的发明人（创新团队）所拥有的权利和利益的制度依据进行了简要的梳理。应当说，现行制度规范对于创新团队基于创造行为而获取的权利类别规定得相对完善，但是对这些应然性权利转化为实然性权利的过渡环节并无详细规范，有些权利类别的具体规定也有待商榷。

1. 实体权利形同虚设，虽有规定，难以落实

（1）专利申请权方面。《专利法》中关于专利归属的规定属于原则性、框架性的规定，缺乏可操作性的保障条款，以至于对发明人专利申请权和归属权保障不力。而《国家高技术研究发展计划知识产权管理办法》中对于发明人的专利申请权又加了一条限制："经过专家委员会批准"，这实际上将专利申请权的决定权仍然控制在完成单位手中。同时，由于在现实生活中，职务发明完成单位与职务发明人之间是一种隶属关系，地位往往不平等，导致约定条款虽有法律依据，但是事实上专利申请权完全控制在完成单位（研发主体）手中[126]。

（2）成果转化权方面。法律赋予发明人成果转化权的目的在于促进国有资产的充分利用，当完成单位不积极实施有实用价值的发

---

① 《合同法》第三百二十六条："法人或者其他组织订立技术合同转让职务技术成果时，职务技术成果的完成人享有以同等条件有效受让的权利。"

《关于国家科研计划项目研究成果知识产权管理的若干规定》第七条："项目承担单位转让科研项目研究成果知识产权时，成果完成人享有同等条件下优先受让的权利。"

明成果时,可以由发明人来行使实施成果的权利。但是这一权利的行使要依据与完成单位之间的在先协议,取得单位同意才能进行,否则属于擅自使用和转化,这实际上又是由完成单位最终决定发明人能否行使成果转化权,从而造成现实中发明人的成果转化权难以实现。

(3) 优先受让权方面。发明人优先受让权的范围仅仅限于技术转让,而不能及于技术许可。且不说技术转让与技术许可之间有许多类似之处,单就技术转让与独占性技术许可之间便没有实质差别。完成单位完全可以利用优先受让权的适用范围来规避发明人优先受让权的行使。

2. 奖励报酬的实现单一,标准多样,无所是从

(1) 奖励和报酬的形式相对单一。现行的制度规定中,对于发明人的奖励和报酬通常采取货币发放这种单一的物质形式,并没有提供其他可供选择的物质形式,以至于发明人没有其他的选择。

(2) 法律体系对于报酬的标准规定不一。对于自行实施专利技术的,《专利法实施细则》(以下简称《细则》)规定,从实施发明的营业利润中提取不低于2%作为发明人的报酬;《国家高技术研究发展计划知识产权管理办法》(以下简称《办法》)规定,从实施发明的所得利润纳税后提取1% ~2.5%支付;《关于进一步加强职务发明人合法权益保护,促进知识产权运用实施的若干意见》(以下简称《意见》)规定,从实施专利的营业利润中提取不低于3%的报酬给予发明人。对于许可、转让专利技术的,《细则》规定,许可他人实施的,从收取的许可使用费中提取不低于10%作为发明人的报酬;《办法》规定,转让技术成果的,从转让所得费中提取10% ~15%;《意见》规定,转让和许可他人实施的或者以专利技术出资入股的,以不低于转让费、许可费和出资比例20%的报酬给予发明人。这些规范职务发明人报酬的法律条文均为有效,都可以作为研发主体选择报酬比例的发放依据。目前正在送审中的《职务发明条例》也对职务发明人

的报酬问题作了系统的规定①。那么当《职务发明条例》正式生效时,之前的法律法规的相关规定是否还适用?对于职务发明人的报酬比例应当执行什么样的标准?

(3) 确定奖励报酬的考虑因素没有明确规定。法律体系对于职务发明人的报酬并未规定固定的发放标准,通常采取最低比例或者比例区间,研发主体可以根据实际情况选择最终执行的发放比例。但是这种选择的依据是什么,选择的过程中需要考虑的因素有哪些,法律并没有给出可参考性的条款。这就会导致研发主体选择报酬比例的随意性与利己性,而职务发明人也并不能苛责这种选择行为的违法性。同时,从现行法律条文来看,报酬发放的比例是研发主体的选择行为,也就是研发主体的单位的决定行为,这实际上忽视了职务发明人对自身利益的主动诉求。除了研发主体的单方决定行为之外,作者认为,还可以增加职务发明人与研发主体之间的约定选择行为。

3. 缺乏权利程序保障,一旦受侵,救济困难

(1) 缺乏责任条款。研发主体与职务发明人在隶属关系中的地位、信息资源、支配权利等方面存在不对称,研发主体处于强势地位,职务发明人处于弱势地位。那么如果法律所呈现的是形式公平而不对弱势群体有所倾斜,就可能导致实质上的不公平。现实中,研发主体凭借其强势地位往往习惯性侵犯职务发明人的权利,尤其是奖酬权,而法律

① 《职务发明条例》(送审稿)对于职务发明人的奖励和报酬的规定,包括第二十一条规定:“对获得发明专利权的职务发明,给予全体发明人的奖金总额最低不得少于该单位在岗职工月平均工资的两倍。”第二十二条规定:“单位未与发明人约定也未在其依法制定的规章制度中规定职务发明的报酬的,单位实施知识产权后,应当向涉及的所有知识产权的全体发明人以下列方式之一支付报酬:①在知识产权有效期限内,每年从实施发明专利权的营业利润中提取不低于5%;②在知识产权有效期限内,每年从实施发明专利权的销售收入中提取不低于0.5%;③在知识产权的有效期限内,参照前两项计算的数额,根据发明人个人工资的合理倍数确定每年应提取的报酬数额;④参照前两项计算的数额的合理倍数,确定一次性给予发明人报酬的数额。上述报酬不超过实施该知识产权的累计营业利润的50%。单位未与发明人约定也未在其依法制定的规章制度中规定职务发明报酬的,单位转让或许可他人实施其知识产权后,应当从转让或许可所得的净收入中提取不低于20%,作为报酬给予发明人。”第二十三条规定:“单位在确定报酬数额时,应当考虑每项职务发明对整个产品或者工艺经济效益的贡献,以及每位职务发明人对每项职务发明的贡献等因素。”

并没有相对应的责任条款。责任条款的缺失使职务发明人面对研发主体未按照规定发放奖酬时束手无策，无可奈何。

（2）缺乏救济条款。对于职务发明人的权利受到侵犯时的救济途径，《专利法实施细则》中规定了对于职务发明人的权利纠纷可以通过请求管理专利工作的部门进行调解。《最高人民法院关于审理专利纠纷案件适用法律的若干规定》中规定可以通过诉讼解决权利纠纷。这些救济途径相对于民事诉讼法中规定的协商、调解、仲裁、诉讼四种救济途径来说，尚不充分。

二、域外创新回报的梳理

（一）美国

在美国的专利制度中，实行“发明归属于发明人本人所有”的原则，也就是发明人是发明的原始主体。受到意思自由的合同理念的影响，美国公司都非常注重与发明人之间就发明创造的归属做事先约定。《拜杜法案》规定，如果研发单位因该发明价值不大或因市场潜力与费用的考虑，而选择拒绝保留该发明的专利权，那么提供经费的联邦机构可以准许发明人取得其发明的权益①。同时，也明确了发明人有权利分享专利使用费②。麻省理工学院规定：使用费的 15% 留给技术转移办公室用于日常开支，剩余部分由技术发明人以及其所在院系或实验室和学校三者均分，各占 1/3。哈佛大学规定：使用费在 5 万美元之内的，发明人得 35%，所在系得 30%，所在学院得 20%，学校得 15%；使用费超过 5 万美元的部分，发明人得 25%，所在系得 40%，所在学院得 20%，学校得 15%。斯坦福大学规定：使用费的 15% 留作技术转移办公室的日常开支，剩余部分由技术发明人以及所在系和学院三者均分，各占 1/3，政府从对学院的征税中获得投资回报。1986 年的《联邦技术转移法》规定，联邦机构实验室若决定不提出专利申请或不计划对该

① 《拜杜法案》第 202 条（d）规定：“如果承包方没有选择保留项目发明的所有权，联邦机构可以考虑，并且在与承包方协商后，同意发明人依照本法和其后颁布规章的规定提出保留权利的请求。”

② 《拜杜法案》第 202 条（c）（7）（B）规定：（对于非盈利性组织）要求项目承担单位与发明人分享使用费。

发明商业化时,可以准许发明人行使专利申请权。联邦机构须将首次的2000美元和超过部分的15%支付给发明人或合作发明人,但是每个雇员每年获益不得超过10万美元。1995年的《国家技术转化促进法》规定又将发明人的限额标准提高到15万美元。[127]在实践中,美国能够比较好地落实职务发明人的奖酬制度,这与美国职务发明人所处的社会环境密不可分①。

(二)德国

德国《雇员发明法》规定职务发明的原始权利归属于雇员(职务发明人)。《雇员发明法》第九条第二款规定了评估职务发明报酬时应当考虑发明的商业实用价值、雇员的职责地位以及单位对发明的贡献等。第十二条赋予了雇员参与确定报酬的权利(报酬数额协商权、报酬总额以及所获份额的知情权、请求支付权、异议权等)。同时,德国还制定了配套规定——《职务发明补偿指南》,专门为职务发明报酬的确定提供了详细的参考依据[128]。为了促进大学教师的发明成果的实施应用,德国专门成立了“德国专利研究处”②。发明的物质收益中有20%上交给该处作为日常开支经费,剩余部分由发明人以及所在单位分享。大多数职务发明人的分成系数在13% ~32%[129]。

(三)英国

英国认可职务发明人可以取得职务发明的专利申请权。雇主和雇员可以协商约定雇员因发明而获得的报酬。对于获得报酬的数额,设置了一系列的考虑因素:①雇员的工作情况(工资、工作性质、已经取得的利益和从该项发明中取得的其他利益等);②雇员在完成发明的过程中所付出的努力和技能;③其他相关人员为此发明付出的努力和技能;④雇主为发明的贡献(提供设施设备、建议帮助、组织管理、商业技术活动等)③。

---

① 在美国,作为为劳动者争取权益的工会拥有很大的权力,由于劳工斗争、企业竞争需要以及其他社会、历史传统等方面的影响,劳动者对企业的贡献得到了比较全面的肯定,用人单位能够尊重雇员表达意愿的权利。

② 这是一个介于政府与民间之间的中介机构,其活动经费的相当一部分来自于发明的成果收益。

③ 英国专利法第40条、第41条。

（四）法国

法国知识产权法典 L611－7 规定，职务发明属于雇主所有，但是雇员可以获得补充报酬。根据集体合同、企业规定、个人与企业签订的协议或者雇员工资的 1～3 倍确定。如果没有约定或约定没有达成，则由劳资协调委员会或大审法庭依据雇员与雇主对发明的贡献大小以及发明本身的价值等因素综合确定发明人的报酬。

（五）日本

在日本，职务发明的专利申请权和专利权归职务发明人所有。职务发明人的这种原始权利可以通过事先与单位约定或在单位规章制度中规定受让于完成单位。当权利由职务发明人转让给单位或者职务发明人授予单位独占实施权时，发明人有获得报酬的权利。现行《特许法》第三十五条规定：雇员应当获得职务发明的“相当对价”。职务发明人所在单位在制定内部的职务发明人的报酬标准时，应当考虑雇用人与受雇人之间的协议情况、订立标准的公开状况、当确定具体对价时征求发明人意见的情况等。如果所在单位并未制定报酬标准或者制定的报酬标准不合理时，应当考虑职务发明人的负担、贡献、待遇等多种因素。这就意味着日本确定职务发明人的报酬时，首先看单位与发明人之间是否有约定以及该约定的报酬是否合理，若否，则依照法定的标准执行[130]。

（六）总结

通过对上述国家关于职务发明人报酬制度的梳理可以看出：第一，尊重研发主体与职务发明人之间的约定自由。约定报酬制度不仅尊重了职务发明人的意愿表达自由，而且相对于法律规定而言，约定制度更加能够反映双方当事人的内心意愿指向。任何技术都不能精确测量专利的实际价值，此时，双方约定比法律规定更具合理性①。第二，为了平衡各方利益，有些国家为职务发明人获得的报酬设置了最高限额。

① 约定报酬制度也并非没有任何缺陷。第一，约定并不具有最终的法律效力，当约定的报酬显失公平或存在欺诈时，该约定会被撤销；第二，约定的确体现双方的意愿，然而，由于研发主体相对于职务发明人而言是优势的信息主体，其所接受的报酬相对于自身而言更加科学。

美国的《国家技术转化促进法》规定,每个雇员每年的限额标准为15万美元。哈佛大学以使用费5万为分界点,使用费在5万美元以下的,发明人获益比例为35%,使用费在5万美元以上的,发明人的获益比例为25%。通过这些规定,避免了职务发明人的收入畸高。第三,普遍注重设定报酬标准应当考虑的因素。法律中不会规定确定的比例,而是通过罗列报酬标准应当考虑的因素,从而确定最终的报酬数额。雇员的工作情况,发明对于整个产品的贡献以及待遇等因素都纳入考虑范围。法定的报酬标准或者雇主与雇员之间约定的报酬标准往往不是以发明专利技术水平高低为依据,而是以运用该专利取得的使用费用或者在实施中取得的实际收益为依据。

三、创新团队的权益优化

各国都通过适合本国的方式加强智力成果的保护,其中不乏合理和实用的制度可供借鉴。我国在目前职务发明制度的基础上,如何构建一种更加有效率更富激励的职务发明人的权益制度是实现第二层激励的关键和目标。作者认为,应当在查找现行制度问题的同时,在分析问题的基础上有效借鉴国外相关制度的经验,才能寻找到更加有效有现实性的路径。通过上文的分析,作者认为,除了实体权利的实现需要适当的保障机制以及权利受到侵犯时需要可靠的救济手段外,还需要从以下几个方面对创新团队的权益进行明确。

(一)创新团队能够基于约定获取国防专利产权

在第一层激励问题的探讨中,最大化地让与产权是优化国防专利产权的关键。当研发主体原始或者继受取得国防专利产权时,是否可以随即将其约定继续让与创新团队?作者认为是可以的。第一,当国防专利产权归属于研发主体时,应当赋予研发主体在确保国家安全的情况下的充分自由权。研发主体可以自已享有国防专利权,也可以通过协议约定由创新团队享有国防专利申请权。法律应当提供可供研发主体选择的空间。第二,研发主体与创新团队之间实质上也是合同双方的关系,既然是合同,应当奉行合同双方约定自由的原则,并且采取约定优先原则。只要由创新团队享有国防专利权不妨碍国家安全利益,都可以通过合同让与之。但是是否让与,由研发主体决定。第三,应当细化让与产权的考虑因素,保障创新团队产权的落实。因为由研发主体单方决定国防专利产权是否让与往往导致研发主体不让与产权,从而使约定产权形同虚设。因此,法律条文应当对让与产权的条件和因素进行细化规定,充分保障创新团队的产权权利。

(二) 设置职务发明人报酬的最低比例

现行的法律体系普遍规定了职务发明人获取报酬的最低比例,正在送审阶段的《职务发明条例》同样延续并提升了最低比例的规定,作者认为有必要规定报酬的最低比例。因为如果没有最低比例的门槛限制,研发主体以自身利益最大化出发,会选择一个相对于自身来说可以接受的最低比例,这就可能损害创新团队的获益权。然而,对于创新团队获得报酬的最高限额,我国的法律中并没有规定,国外法律中也只有少数国家有此规定。作者认为,针对我国的现实情况而言,没有必要规定报酬的最高比例或者限额。我国与美国社会环境不同,美国非常注重雇员权利的维护,奖酬制度也落实的比较好,按照比例对雇员发放报酬在某些情况下会导致报酬畸高,为了维护社会公平,美国才在法律中为雇员的报酬设立了上限;而我国长期以来奉行"单位主义",对于雇员的权利和报酬缺乏充分的重视和保障,我国目前的现实问题在于如何将奖酬制度落实到位,职务发明人报酬发放的数额对社会公平并没有造成严重影响,还不需要法律介入调节。

(三) 技术许可领域应当适用优先受让权

目前职务发明人的优先受让权仅仅存在于发明技术转让中,而对于技术许可,法律并无规定。那么,优先受让权的范围能否扩展到技术许可领域?由于技术转让与技术许可之间有许多共同之处,将优先受让权扩展至技术许可领域未尝不可。第一,技术转让和技术许可都是应用技术的一种方式。技术转让是技术从原始主体转移到继受主体,产权发生变更。技术许可也是技术从原始主体转移到继受主体,但是归属权未变更,使用权发生了分解或者转移。既然在技术转让的情况下职务发明人能够优先取得产权的全部,那么在技术许可的情况下应也能优先取得使用权。第二,技术许可中的独占许可与技术转让的实际情况差异不大。独占许可是只有被许可人(继受主体)能够使用技术,其他人甚至许可人(原始主体)都不能使用技术。此时被许可人拥有了除归属权之外剩余的产权内容。这种方式除了归属权还属于许可人,其他方面与技术转让相似。如果否认了技术许可情况下发明人的优先受让权,那么完成单位完全可以利用将技术独占许可的方式来规避发明人的优先受让权。第三,赋予发明人在技术许可情形下的优先受让权有利于发明人权利的完备,有利于调动创新积极性。发明技术是凝结了发明人智力劳动的结晶,发明人希望通过技术成果的应用来实现个人的社会价值和经济利益,而技术许可中的优先受让权的缺失实际上剥夺了在许可过程中发明人的任何意思表示或者程序要求,不利于保障其合法权益[131]。

本章小结

本章主要研究国防专利产权制度的激励效率。国防专利产权制度应当通过优化产权结构,合理分配利益的途径,最大化地激励创新主体努力持续创新。根据国防专利产权生成后激励的顺序,设置双层激励。第一层激励,是对研发主体的激励,在分析国防专利产权内部构成及其相互关系的基础上,通过构建产权明晰度对产出影响的模型,对比我国与美国在国防专利产权结构方面的差异,研究得出基于生成要素的初始产权结构,以及基于安全与激励产生的现实产权结构。第二层激励,是对创新团队的激励。通过对我国创新团队的权利以及制度依据的现实考察和域外创新回报的梳理,分析了实体权利形同虚设、奖励报酬实现单一、缺乏权利程序保障等现实存在的问题,得出国防专利产权可以通过约定给予创新团队,有必要设置报酬的最低限额,以及可以将优先受让权扩展至技术许可领域。

第四章　国防专利产权制度的约束效率

产权制度的约束功能是与激励功能相对的功能类型,约束可以看成是一种负激励。如果说激励给人提供了从事某种活动的内在动力,那么约束就是抑制人们从事某种活动的限制性的力量。国防专利产权制度设置了一系列行为规范,既包括产权主体的行为规范,也包括非产权主体的行为规范。因此,无论是产权主体还是非产权主体都应当按照行为规范调整自身的行为,受到制度的约束;否则就会付出相应的代价。

第一节　国防专利产权制度的约束理论

一、约束目标:行为的实然状态与应然状态相吻合

制度的制定和推行的目的在于规范人们的行为。制度对于行为的规范隐含了制度所导引的预置行为状态,即行为在制度中的应然状态。制度预置的行为状态是综合考虑众多因素进行利益平衡的结果。不能将行为仅仅限定在制度本身,而应将行为放置于整个社会环境中进行考察,充分考虑行为的外部性,包括对他人、对社会、对国家的影响,在合理平衡各方利益的基础上对行为的路径进行设定。在制度运行的过程中,行为应当沿着预定的路径行进。制度的约束就是通过一系列的规则将行为限定于特定的轨道内行进,而不偏离。

事实上,由于制度本身的不完美以及在执行过程中的制度扭曲,会导致行为的实际状态与制度预置的行为应然状态有所偏离。制度的约束目标在于使行为的实然状态尽可能与应然状态相吻合,达到最大化的一致,而这种一致性的程度就是约束效率。

国防专利产权制度真实地影响、制约着国防专利产权主体的行为,

为国防专利产权的生成、流转、灭失的全过程提供了规则和模式，将国防专利产权主体的活动限制于特定的范围。国防专利产权制度通过一系列规则为国防专利各类行为划定了界限，进行了约束。这一约束表现在两个方面：一方面，对行为进行必要的规制，划定行为合理的边界；另一方面，如果行为突破了规制的边界应当对其加以必要的惩罚。

二、约束内容：主体行为

制度是由一系列行为规则组成的，通过规则规范行为，从而达到调整人与人之间关系的本质目的。国防专利产权制度主要表现为法律制度。从法学的视角来看，国防专利产权制度所调整的行为可以分为权利行为和义务行为。权利与义务是法学领域的核心范畴，存在既对立又统一的关系。黑格尔在论述对立统一关系时讲到："每一方只有在与另一方的联系中才能获得它自己的规定，此一方只有反映了另一方，才能反映自己；另一方也是如此。所以每一方都是它自己对方的对方。"权利与义务作为客观存在的现象，不仅仅存在于法律制度中，它们与客观世界的其他许多现象，如政治、经济、社会、人文等都有密切联系，可以将对权利与义务的分析推衍至广阔的制度范畴和人文背景中研究。

（一）对权利行为的约束：限制权利的滥用

法学对于权利和义务的界定角度多样，权利和义务各自都具有丰富的内涵。康德曾说："问一位法学家'什么是权利'就像问一位逻辑学家一个众所周知的问题'什么是真理'那样使他感到为难。"[132]关于权利的含义，存在"利益说""资格说""自由说""可能说"等观点，综合各种理解，抽取出各个学说中合理部分，作者认为权利是规定或者隐含在制度规范中，实现于制度关系中的，主体以相对自由的作为或不作为的方式获得利益的一种手段。权利行为就是权利主体进行作为或者不作为的具体表现形式。

权利行为在制度规范中通常表述为"可以……"，这意味着权利主体可以行使权利也可以放弃权利。同时，对于制度没有禁止的情形，也默认权利的存在。由此可见，权利行为存在的空间具有相对开放性。这就可能导致权利主体在行使权利时滥用权利，突破合理边界，对其他主体的权利或者利益造成损害。因此,对权利行为的约束在于限制权利的滥用。

在国防专利产权制度中,权利行为主要是国防专利产权主体的产权行为,基于前文对国防专利产权的内部权利解析,其权利行为包括使用、许可、转化、处置、收益。应当综合考虑权利行为的外部性以及各种利益平衡对国防专利产权主体的权利行为加以必要的约束。

(二)对义务行为的约束:惩治非法的履行

关于义务的含义,存在不同的学说,主要包括"规范说""负担说""责任说"等。综合各种关于"义务"的学说,作者认为义务是规定或者隐含在制度规范中,实现于制度关系中的,主体以相对抑制的作为或不作为的方式保障权利主体获得利益的一种手段。义务行为就是义务主体进行作为或者不作为的具体表现形式。

义务行为在制度规范中通常表述为"必须""应当""禁止""不能"等,这意味着义务主体的义务是必须履行的,其并不具有选择权。同时,义务行为也仅仅存在于制度中的明确规范,即有"明示"。由此可见,义务存在的空间相对封闭。义务主体必须严格按照制度规范的路径履行义务,任何怠于履行或者不适当履行造成的损害责任由义务主体承担。因此,对义务行为的约束在于惩治非法的履行。

国防专利产权制度的义务行为是为了保证产权主体利益的实现而设置的,除了必须遵循的"明示"规则之外,义务主体还不能侵犯权利主体的权利,如果侵权需要承担损害赔偿责任。对于义务行为主要通过责任规则加以约束。

三、约束效率的影响因素

约束行为的影响因素是指影响约束行为效果的各方面的要素。通过对于约束行为影响因素的分析,一方面可以明确哪些因素影响了约束行为的效果,另一方面也可以由此推知发挥约束功能或者提升约束效率的路径和方法。

(一)约束权利行为的影响因素

约束权利行为的核心在于限制权利的滥用,而要限制权利的滥用必须对权利的边界进行明确,给权利划定可以运用的空间。作者认为影响约束权利行为的因素有:①基于利益平衡设置的权利限制类别。权利行使时所涉及的利益众多,权利主体的利益也包括其中。为了平衡在权利行使过程中的各方利益,达到整体利益的最大化,可能会对权利主体的权利进行必要的限制。不同的利益类别会有不同的限制内容。国防专利在普通专利的基础上增加了国防特色,因此不仅要平衡权利主体的私人利益与普通大众的公共利益的关系,还要平衡与国家安全利益之间的关系。②限制性权利规范的周延度。对于权利的限制需要明确、具体和详细。限制性规范应当明确在何种具体条件下权利应当被限制,限制的程度以及权利被限制时权利主体应当遵循何种规则。限制性规范只有更加周延,减少制度漏洞,才能清晰地指导权利主体的行为,减少机会主义行为。③突破权利限制时的责任。由于制度总是通过语言表述,语言具有静态性和模糊性,静态的制度并不能完美地诠释丰富的客观现实。当权利主体突破了权利限制行为时,制度需要设置责任条款,以达到威慑的目的。

(二)约束义务行为的影响因素

约束义务行为的核心在于惩治非法的履行,而惩治义务的非法履行的前提是要有惩治的基础——对应的责任规范。影响约束义务行为的因素有:①对违反义务行为惩罚的必然性。从数量的角度来看,权利与义务的数量应当是等同的,权利主体有什么样的权利,其所对应的义务主体就应当承担什么样的义务。义务只有与权利相匹配才能保障权利的实现。义务主体不履行、不完全履行和不适当履行义务都是对权利主体权利的侵犯,都应当承担相应的责任,这样才能保证权利的正常行使。②责任规范的合理性。责任规范是约束义务行为最终的落脚点。对于义务主体的侵权行为应当如何惩罚,设置何种处罚形式,如何进行科罚才能最经济地防止侵权,达到收益的最大化。

第二节　权利行为的约束分析

权利行为的约束主要体现为对国防专利产权主体权利行为的约束。对国防专利产权主体权利行为的约束包括两个方面。一方面,对任何主体权利的赋予都是一种约束。权利是存在边界的,不能肆意妄为。恰当的权利行使应当严格按照权利的种类、范围、时间、方式进行。这也是所有制度约束权利的共同之处。另一方面,国防专利产权具有特殊的国防性,从国家安全角度出发,为了维护国防利益,在特定的情况下,需要对国防专利产权主体的权利进行必要的限制。这是国防专利产权制度约束功能的特殊之处。

一、权利约束的经济意义

权利的本质属性决定了任何权利都存在被滥用的可能性。专利权滥用行为是社会经济发展和专利权保护规则运行的必然结果。随着社会的发展和科技的进步,专利权的作用和功能逐渐彰显,引发了专利权人的利益和社会公众利益之间的矛盾,对专利权的约束与限制是专利制度自我挽救的必然产物,它平衡了专利权人与社会公众之间的利益,更好地维持了专利制度整体的运行与发展,具有重要的经济意义。

(一)约束权利有利于增加社会福利

从“成本－收益”角度来看,将国防专利权利没有任何限制(包括时间和空间上的限制)的情况与有一定限制的情况进行对比分析,比较两种情形下国防专利权利带来的净收益(收益－损失)大小。国防专利产权的成本包括资金、场地、设备、管理、智力劳动等,无论对权利限制亦或不限制,成本方面的变动不大。国防专利产权的收益一般包括实施国防专利技术生产并销售产品所带来的收益、许可他人实施国防专利所获得的收益、转让国防专利权利所获得的收益。假设国防专利权利是毫无限制的绝对权利,只要技术本身不被淘汰,那么国防专利产权主体获得的利益是无限的。由于国防专利技术仅仅是国防专利产权主体的私权利,国防专利技术不能通过解密或者公开成为社会共同的财富,这对于科技进步和整个社会的发展而言是一种损失,这种整体福利的损失远比为产权主体个人带来的经济利益要高。

(二)约束权利有利于防止垄断

从防止垄断的角度来看,权利的绝对化使国防专利产权主体保持市场垄断地位,垄断者制定垄断价格会导致市场交易成本的上升,还会影响国家对于国防专利技术的掌控。在国防技术交易市场中,军队是唯一的买方,卖方的数量也为数不多,如果不对国防专利权利加以限制,那么国防专利产权主体就会凭借国防专利技术带来的垄断地位制订垄断高价与军队谈判,从而可能削弱国家对国防专利技术的控制和掌握。国防专利产权主体垄断权利的大小直接与国防专利产权制度对国防专利的保护程度密切相关。“一种‘欠完全保护’的保护水平是必要的,这种保护应该介于强保护和弱保护之间,它体现了知识产权制度作为扭转信息市场静态和动态失败的折中形式。”如果对权利采取强保护方式,产权主体的市场垄断地位增强,国家控制力减弱,第三人合法行为范围变小;反之亦然。从防止垄断的角度来看,限制国防专利权利也是正当的。

(三)约束权利有利于降低交易成本

从交易成本的角度来看,对国防专利产权设置一定的约束:一方面可以为国防专利技术发明人再次从事创新活动提供足够的激励;另一方面可以确保国家安全利益,促进技术信息的传播和利用,产生经济效益。如果国防专利产权被允许毫无限制地行使,则会导致过高的交易成本。例如,若在先发明是后续发明的必要基础,但是仍然需要征得在先发明人的同意,不同意就无法开展研究,导致后续发明人为争取研发与在先发明人“讨价还价”;国防专利产权主体索取垄断高价,军队作为唯一的需求方没有直接授予的“约束性权力”,还必须与产权主体进行交易谈判,无法便捷地利用技术成果等。

综上所述,从经济学的角度来看,对国防专利产权的适当约束是激励创新、减少成本、实现各方利益均衡的最佳选择。第一,从国防专利的社会贡献以及其本身的公共产品属性来看,国家需要通过法律制度运用强力保护(赋予其国防专利的专有权)国防专利产权主体的权利以弥补其自身自力救济的不足;第二,从国防专利产权制度的首要目标以及国防专利本身的“国防性”来看,国家出于国防安全利益的需要对国防专利产权进行必要的限制是正当的;第三,从国防专利包涵的社会性因素以及国防专利产权制度本身也是实现公共社会政策的必然手段来看,保证在一定条件下社会公众接近和利用国防专利信息的自由和权利也是必要的。

二、权利约束的利益权衡

权利一旦被确定，需要对其加以保护，任何对权利的不当限制和随意侵犯都应被制止和惩罚。但这并不意味着权利不再被限制，权利同样有边界。基于正当考虑可以通过合法的手段对权利加以必要限制。而这种正当考虑本身也必须加以规范。在国防专利产权主体行使权利的过程中，可能涉及多方面的利益及主体，权利主体只会考虑自身的利益实现，而从其他所涉及的利益主体的角度考虑，权利主体的权利有必要在一定程度上加以限制。因此，在权利约束时，应当考虑国防专利产权权利行使所涉及的各方利益，在综合权衡把握的基础上，确定权利约束的范围及程度。

（一）权利约束涉及的利益冲突

国防专利产权制度的运行涉及众多主体的权利和利益，包括国防专利技术的发明人、所有人、使用人以及社会公众和国家等，各个不同的主体对国防专利产权制度有着各自的利益诉求。国防专利产权主体希望借助对国防专利不同功能的运用最大化地创造财富，获得经济利益。社会公众希望以低廉的价格获得国防专利产品，获知国防专利知识信息。国家（国家利益通常由政府或者军队代表和体现）希望全面掌握国防专利技术，并拥有控制权，使国防专利技术随时为国家安全服务。

不同的利益主体所追求的利益目标不同，各种利益目标的方向并不一致。庞德曾说过，"人的本性中的欲望和扩张性与社会本性具有矛盾，正是这一矛盾产生了利益冲突的根源[133]。"各个利益主体在追求自身利益最大化的同时，难免产生摩擦和冲突。国防专利产权作为一种独占性和垄断性的权利，其本身涉及私人利益、公共利益、国家利益等多种利益，利益相互冲突的权利范围必然存在交叉部分，权利的滥用往往发生在利益冲突导致的权利叠加的灰色地带。

1. 国防专利产权主体"私人利益"与社会公众"公共利益"的冲突

国防专利产权主体的专利权保护与社会公众的知识信息共享之间存在冲突。国防专利产权主体希望尽量扩大国防专利的保护范围，包括保护的长度、宽度和强度，对国防专利发明创造者权利的保护有利于鼓励创新，但可能会妨碍技术的传播与运用；社会公众总是希望专利权的保护范围最小化，专利权保护范围的最小化有利于技术的传播与应用，促进科技进步和社会发展，但可能使发明创造得不到有效保护，从而挫伤发明人从事发明创造和申请专利的积极性。

2. 国防专利产权主体“私人利益”与国家利益的冲突

国防专利产权主体的专利权自由行使与国家基于维护安全需要干预权利行使之间存在冲突。国防专利产权主体希望能够完全自由地行使权利，实现自身利益的最大化，权利的过分自由可能会导致国家需要国防专利技术时不能及时保障，损害国家安全利益；国家总是希望国防专利技术都在自己的掌控之中，这样有利于在国家需要时随时调度使用，但这样会极度压缩权利人的权利，不利于国防科技的持续创新。

3. 社会公众“公共利益”与国家利益的冲突

社会公众的知识信息共享与国家基于安全需要对知识信息保密之间存在冲突。社会公众希望将知识信息公之于众，社会大众都能无门槛低成本地利用知识技术，这有利于知识技术的普及，提升社会整体的科技素质，但这样可能将国家技术秘密也公之于众，有损于国家安全利益；国家希望尽可能保证安全，能保密的尽量保密，对于国防专利技术尽量采取全方位的保护措施，但这样可能限制了技术的传播和应用，导致技术的社会价值和经济价值消失殆尽。

（二）权利约束的出发点——利益平衡

利益平衡提供了一种基础性、指导性和综合性的价值准则，利益平衡原则是专利制度的理论基石，从专利制度的制定到运行都蕴含利益平衡的理念。“法律层面上的利益平衡是通过法律的权威来协调各方面的冲突因素，使相关各方的利益在共存和相容的基础上达到合理的优化状态。”[134]国防专利产权制度所追求的利益目标状态是：不同的产权主体之间以及不同的产权主体与利益群体之间的利益保持平稳有序的状态。国防专利权利约束是平衡私人、公共、国家之间利益的重要平衡机制，通过对各种利益进行权衡、选择、取舍，把利益对立和摩擦减少到最低，通过对于国防专利权利的适当限制，促进专利权人进行技术创新，使国家的安全利益得到有效维护，社会公众适当接近专利产品并合理利用，保障社会整体的科技和经济进步。

1. 公众共享和国家安全是约束权利的因素

国防专利产权权利的约束是在平衡各方利益的过程中对国防专利权利的限制与缩减，而这种限制与缩减的最终目标是为了保证利益冲突时所挽救的利益不少于缩减的损失，这样的约束才能称为是正当的。根据前文分析，国防专利产权制度中利益冲突主要表现为私人利益、公共利益和国家利益三者的相互冲突。那么对于国防专利产权“私人利益”的限制主要来源于公共利益和国家利益两者。

记载于《法学阶梯》中的法谚：“不论何人都不得滥用自己的权利，这就是公共利益的含义”(Expedit enim rei publicae ne quis re suamale utatur)[135]。国防专利产权制度中的公共利益主要体现为社会公众对国防专利信息的掌握与利用，享受技术带来的利益。国防专利权利是法律赋予国防专利产权主体在一定期限内独占的垄断性权利，保证在法定的垄断期间国防专利产权主体能够有收回投资获得收益的可能性。“没有合法的垄断就不会有足够的信息生产出来，但是有了合法的垄断又不会有太多的信息被利用。”[136]因此，必须为国防专利权利设立一个合适的垄断期间和垄断范围①。

国防专利产权主体在行使权利的过程中超越了正常的界限或法律所允许的范围，损害他人的正常利益或者社会公共利益、国家利益的行为，实质上就属于专利权滥用行为，出于保护正当利益的需要有必要对国防专利权滥用行为加以约束和限制。

2. 国家安全是约束国防专利产权的首要因素

国防专利产权制度包含国家安全利益，这是普通专利制度中没有体现的。国家安全是约束国防专利产权权利的首要因素。只要国防专利权利的行使有危及国家安全的可能性，基于安全利益的需要就有必要对国防专利权利加以限制。这种限制带有强制性，不允许“讨价还价”；同时，这种限制需要适度，不存在缺乏安全利益考虑的不必要的限制，以保证在国家安全的前提下权利主体利益的极大化

① 国防专利产权制度中的私人利益与公共利益之间的冲突与普通专利中两者的冲突相类似，只是国防专利更加封闭和保密，在垄断期内部还存在一个前期的保密期(国防专利的期限为20年)，当国防专利转为普通专利后，才进入与普通专利相同的垄断期间。

满足。

国家安全从某种程度上来说也是一种公共利益，是一种根本的公共利益。当公共利益与国家安全利益相遇并产生冲突时，应优先考虑国家安全利益。本章对权利约束的探讨也是侧重从国家安全的角度进行的。

三、权利约束的制度规定及其评价

国防专利产权制度体系中存在一些对国防专利产权主体行使权利限制与约束的条款。评价权利行为约束的效率可以从以下几个方面展开：①权利限制类别是否全面；②约束权利规范是否周延；③突破限制时责任是否明确。作者梳理归纳了现行国防专利产权制度体系对产权主体行使权利行为的一些限制。

（一）转让权的限制

普通专利权可以转让，受让方可以是中国单位或个人，也可以是外国单位或个人。

国防专利权经过批准可以转让，受让方只限于中国单位或个人，禁止向国外的单位和个人以及在国内的外国人和外国机构转让国防专利权。

（二）实施权的限制

指定许可和强制许可是对专利权实施的两种限制。①指定许可。对国家利益或者公共利益具有重大意义的发明专利，经过批准，可以决定在批准的范围内进行推广应用，允许指定的单位实施。“对国家利益或者公共利益具有重大意义”是指对经济建设、科技进步、国家安全、环境保护、病疫防治等具有重要意义，需要推广应用。②强制许可。专利权人自专利权被授予之日起满 3 年，且自提出专利申请之日起满 4 年，无正当理由未实施或者未充分实施其专利的，可以申请强制许可；在国家出现紧急状态或者非常情况时，或者为了公共利益的目的，可以实施强制许可；为了公共健康目的，对取得专利权的药品，可以给予制造并将其出口到符合中国参加的有关国际条约规定的国家或者地区的强制许可；一项取得专利权的发明比以前已经取得专利权的发明具有显著的经济意义的重大技术进步，其实施又有赖于前一发明进行实施的,根据后一专利权人的申请,可以给予实施前一发明的强制许可;强制许可涉及的发明创造为半导体技术的,其实施限于公共利益的目的,或者经过司法程序或者行政程序确定为反垄断行为。

国防专利权是专利权的一种,理应遵从专利权限制的相关规定;同时,国防专利权具有特殊性,《国防专利条例》对其实施有特殊的规定。《国防专利条例》第二十二条规定:"国务院有关主管部门、中国人民解放军有关主管部门,可以允许其指定的单位实施本系统或者本部门内的国防专利;需要指定实施本系统或者本部门以外的国防专利的,应当向国防专利机构提出书面申请,由国防专利机构依据职责分工报国务院国防科学技术工业主管部门、原总装备部批准后实施。"

(三)审批前置程序

普通专利权大多是私人投资的产物,立法更多体现的是对私权的尊重,鼓励专利权人进行自由度较高的市场交易行为。而国防专利涉及国家安全利益,其研发资金主要来源于国家公共财政,国防专利权人在行使权利时应当顾及国家安全利益。

国家为了更好地维护国防安全利益,对国防专利权人行使一些权利有事前审批权。例如:当转让国防专利权时和当许可国外单位或个人实施国防专利时,应当确保国家秘密不被泄露,保证国防和军队建设不受影响,并向国防专利机构提出书面申请,由国务院国防科学技术工业主管部门和军队的主管部门审批。

(四)评析

通过对国防专利产权权利约束的制度梳理,作者认为:①基于维护国防安全利益的需要对权利约束是必要和相对充分的,而基于维护公共利益(如促进技术的推广应用)的需要对权利的约束有所欠缺。虽然国家安全是约束国防专利产权的首要因素,但对国防专利技术的推广应用是国防专利价值实现的重要手段,反映了社会公众对技术的内在需求,体现了社会公共利益。具有普遍适用性的强制许可制度虽然也是促进技术推广应用的一种方式,但正是因为强制许可制度对所有专利都适用,立法考虑到对普通专利权人私权的尊重,对强制许可制度的适用条件进行了严格的限制。这并不能满足国家基于国防安全和经济发展的需要对国防专利的特殊要求。在国防专利产权制度中有必要吸收引入"介入权",以便更好地加快国防专利技术的转化应用。②对权利约束的责任保障不够充分。如果国防专利产权主体突破了约束条款的限制,现行的制度规范未能对违反约束条款的行为科以责任,则不能有效地抑制权利的扩张。

四、特殊的权利约束:政府介入权

除了上文对国防专利产权主体权利约束的一般分析之外,基于国防专利产权本身的特点,还需要对产权主体的权利行使进行特殊的约束,即政府介入权。政府介入权是基于法律规定或者协议约定,在特定条件下,政府(国家)为了促进技术转移或者维护国家安全、公共利益,对由政府资助形成的发明成果进行干预的权力。目前,在我国普通的专利制度中存在政府介入权的相关规定,但是如何将政府介入权在国防专利领域加以改造与应用,还需要进一步思考和探索。美国法律制度体系中存在国防领域政府介入权的相关规定。归纳总结美国政府介入权的特点,梳理我国普通专利领域政府介入权的制度规定,对于完善国防领域的政府介入权具有非常重要的意义。

(一)美国"政府介入权"的特点

《拜杜法案》赋予了研发单位有权选择是否保留政府资助发明成果的所有权,但给予了政府一定的保留权,即政府出于平衡合同当事人和社会公众之间的利益需要,在特定条件下对研发成果进行干预,也就是政府介入权。关于政府介入权,《美国法典》第三十五章第二百零三条[①]

① 第二百零三条规定:小企业或非赢利组织根据本章规定取得隶属发明的情况下,资助机构有权依据在此规定的程度,要求隶属发明的合同当事方或专利受让人或排他受让人,依据当时情况下的合理条件,授权有责任能力的申请人享有非排他的、部分排他的或排他的许可。如果合同当事方或专利受让人或排他受让人拒绝此要求,资助机构认定隶属发明存在下列情况的,资助机构认为有必要采取行动,即可授予许可:①合同当事方或专利受让人没有采取有效步骤,或在合理时间内也不会采取有效步骤在该领域实施该发明;②合同当事方或专利受让人或他们的被许可人没有合理地满足公共健康或安全的需要;③合同当事方或专利受让人或他们的被许可人没有合理地满足联邦条例所规定的公共目的;④没有达成或废弃了第二百零四条所规定的协议,或者排他许可权受让人在美国境内适用或转让隶属发明的行为违反了依据二百零四条所达成的协议。(第二百零四条主要规定了隶属专利优先在美国境内实施的内容,即保护国内产业的措施。)

规范了政府介入权的实体性内容,《美国联邦法规》第三十七章第四百零一条规范了政府介入权的程序性内容。美国在规范政府介入权时存在以下特点:

(1)政府行使介入权的前提是项目承担单位选择保留政府资助发明的所有权。《拜杜法案》采取“放权”策略,项目承担单位有权选择是否保留隶属发明的所有权。这种“放权”无形中扩张了项目承担单位的权利,限制了公共利益。为了限制私权的滥用,促进隶属发明的转化应用,达到公益和私益的平衡,赋予政府保留对隶属发明一定的介入权。

(2)政府行使介入权的作用对象是隶属发明。隶属发明是在执行资助协议约定的任务过程中完成的。政府介入权针对的并不是所有的发明,对于不受政府资助的普通发明不适用政府介入权。

(3)政府行使介入权是平衡各方利益的需要。为了满足政府利益和公共利益的需要,政府对项目承担单位所保留的发明成果的所有权加以限制,最终达到既保证项目承担单位私权的行使,提高其参与研发的积极性,同时又维护了政府利益和公共利益,使各方利益加总最大化。

(4)政府行使介入权有实体和程序双重保障。《美国法典》对政府介入权的作用对象、主管机构、行使条件等实体性问题进行了规范;《美国联邦法规》对启动政府介入权的程序进行了规范,包括启动程序的方式、通知合同当事方、事实调查、调查结果的制作和送达、调查结论等①。

① 有种观点认为:虽然美国法律中对政府介入权规定的比较系统和详细,但是介入权规范并没有发挥应有的作用。自从《拜杜法案》实施以来没有一个成功的案例。但是作者认为,并不能单纯因为美国没有介入权案例就否认介入权法律条款的作用。启动行使介入权程序本身就说明社会公众对政府介入权的关注度在提高,同时也反映了美国在政府介入权方面有比较完善的规定。正是由于这些比较完善的规定,主管机构和社会公众才知悉行使政府介入权的步骤和程序,从而使政府介入权制度有序运转。

(二)我国“政府介入权”的制度规定

我国也通过一系列法律法规①对国家财政性资金资助的科研项目产生的发明成果的管理和运用进行了规范。我国的政府介入权的规定不断地健全和完善,但仍然存在一些不足:

(1)有实体规定,无程序保障。《科技进步法》《促进科技成果转化法》《国家高技术研究发展计划管理办法》《国家科技重大专项知识产权管理暂行办法》等均对政府介入权作了规范,但上述规范仅仅属于实体性规范,缺乏程序性配套规范。这就使得政府介入权就像空中楼阁,缺乏可行性。

(2)行使对象不明,行使主体分散。政府介入权的行使对象规定的相对模糊,一般表述为“项目承担者”。而“项目承担者”是仅指专利权人还是包括专利受让人或者专利被许可人?法律规范并未明确。介入权作为一种政府干预权,应当具有追及性。不论专利辗转至何人手中,只要满足特定条件,国家(政府)都可以行使介入权。美国就将行使对象扩展至专利受让人和专利被许可人。同时目前,国家、项目管理机构、组织实施部门和牵头组织单位均可以成为政府介入权的主体,这些部门在行使介入权时有无交叉重合?是否存在内在的沟通协调机

① 《科技进步法》第二十条规定:项目承担者在合理期限内没有实施的,国家可以无偿实施,也可以许可他人有偿实施或者无偿实施。国家为了国家安全、国家利益和重大社会公共利益的需要,可以无偿实施,也可以许可他人有偿实施或者无偿实施。

《促进科技成果转化法》第三十二条规定:财政性资金资助的科技项目成果有下列情形之一的,项目管理机构可以指定有实施条件的单位在一定期限和范围内有偿或无偿实施:①在合理期限内没有实施的;②国家安全、国家利益和重大社会公共利益需要的。

《国家高技术研究发展计划管理办法》第四十一条规定:项目(课题)组织实施部门为了国家安全、国家利益和重大社会公共利益的需要,可以无偿实施,也可以许可他人有偿实施或者无偿实施。

《国家科技重大专项知识产权管理暂行规定》第三十五条规定:对重大专项产生和购买的属于项目(课题)责任单位的知识产权,有下列情形之一,牵头组织单位可以要求项目(课题)责任单位以合理条件许可他人实施;项目(课题)责任单位无正当理由拒绝许可的,牵头组织单位可以决定在批准的范围内推广使用,允许指定单位一定时期内有偿或者无偿实施:①为了国家重大工程建设的需要;②对产业发展具有共性、关键作用需要推广应用;③为了维护公共健康需要推广应用;④对国家利益、重大社会公共利益和国家安全具有重大影响需要推广应用。

制？并没有明确。这不利于政府介入权政策的协调统一，也不利于政府介入权的顺畅行使[137]。

（3）行使条件模糊，启动模式单一。对于介入权行使的“合理期限”，《科技进步法》没有明确，地方立法简单地规定为“一年内无正当理由未实施转化”。然而，不同领域的专利成果，转化的难易与过程不同，不适合采取一刀切的模式进行规范[138]。《促进科技成果转化法》第31条规定：“国家鼓励政府资助项目的知识产权首先在境内使用”，这一条款实质上借鉴了美国的“本国产业优先使用原则”，但其表述过于原则化，操作性不强。美国将该原则具体细化为“在美国进行实质性制造”。美国政府介入权的启动有两种方式：依职权启动和依申请启动。但是我国政府介入权只有依职权启动一种模式，即政府介入权的行使主体在符合法律规定的条件下，主动启动介入程序，许可他人实施政府资助发明。如果仅仅规定这一种模式，很有可能大大降低介入权的启动概率。最关心政府资助发明的主体来自于市场而非政府，同时，政府面对的资助发明数量非常多，一一审查交易成本过大。因此，应当增加依申请启动政府介入权的模式。

（三）国防专利领域“政府介入权”的再造

1. 自筹资金形成的国防专利是否适用政府介入权

目前政府介入权的适用对象是政府资助形成的研发成果。而政府资助形成的研发成果与国防专利之间存在交叉关系。政府资助形成的研发成果包括国防专利还包括与国防无关的其他研发成果；国防专利有国家资助形成的，也有自筹资金形成的。对于受国家资助形成的国防专利按照现行法律规定政府介入权是可以适用的。而对于自筹资金形成的国防专利是否适用？作者认为，政府介入权可以扩展至整个国防专利类别，既包括政府资助形成的国防专利，也包括自筹资金形成的国防专利。前文所述，国防专利具有“国防性”，与国家安全利益密切相关，体现了一定程度的国防限制性。国家基于安全利益的考虑，可以对国防专利产权主体的行为进行必要的限制和约束。国防限制性属于国防专利的内在属性。国家可以根据国防安全的需要对国防专利进行必要的干预，这里就包括对自筹资金形成的国防专利的干预和介入。

2. 国防专利领域政府介入权的行使条件

前文所述,公众共享和国家安全是约束国防专利权利的两大因素。结合我国现行法律规范对政府介入权行使条件的罗列以及对国防专利本质属性的分析,作者认为,可以将国防专利领域政府介入权的行使条件归纳为以下几点。①权利人无正当理由在一定期限内未实际应用。美国、日本、我国的台湾地区以及我国现行法律制度中都将权利人没有实际应用研发成果作为国家行使介入权的情形之一。将国防专利权授予项目承担单位所有,其目的在于通过私人产权的形式来提升权利人商业化的兴趣,使研发成果得到最有效地利用,若权利人怠于应用这些研发成果,则这种产权机制就无法实现。②权利人无正当理由在国防专利满足解密转化条件时未及时解密转化。这是国防专利领域特有的行使条件。解密转化是国防专利民用化的关键环节,也是向民用领域推广应用的第一步。如果权利人怠于解密转化,那么国防专利潜在的市场价值无法充分发挥,为了实现其民用市场价值,使更多的大众享受到技术带来的利益,可以行使政府介入权。③基于满足国家安全利益需要。国防专利具有明显的国防性,维护国家安全是国防专利制度的首要目的。当国防专利权授予项目承担单位所有时,国家基于维护安全利益的需要可以对权利人权利的行使进行必要的干预。但是为了避免行政权的滥用,应当对此种情形下的介入权的条件进行更加细致明确的规范。④违反"本国产业优先"原则。从促进我国产业和经济发展的角度来说,采用"本国产业优先"的原则有其必要性。国防专利是一类重要的国防战略性资源,其应用和实施应当优先考虑本国产业和经济发展的需要。若权利人违背这一原则,则国家可以行使介入权。

3. 国防专利领域政府介入权的行使主体

政府介入权的行使主体一般为资助机关。因为资助机关从项目的申请、立项、审批、资金投入到国防专利成果的取得全过程与研发单位有密切接触与合作,工作具有连续性,对资助协议或者合同书、任务书内容较为熟悉,对国防专利的价值、技术特点以及应用领域等更为了解,具备介入权行使的基础,有利于介入工作的开展。对于自筹资金形成的国防专利,由国防专利主管部门对其行使介入权。

4. 国防专利领域政府介入权的行使方式

针对不同的行使条件,政府介入权的行使方式也有所差异。第一,权利人无正当理由在一定期限内未实际应用时,介入权表现为许可第三人使用。这也是其他国家与地区普遍规定的一种介入方式。这种介入方式的成本较低,只需要国家颁发一个强制许可证即可,无须繁杂的程序和手续。第二,权利人无正当理由在国防专利满足解密转化条件时未及时解密转化时,介入权表现为依职权启动解密程序,强制转化。第三,基于满足国家安全利益需要时,介入权可以表现为中断国防专利权利的行使,随时就与国防利益相关的问题向项目承担者质询,定期听取项目承担者关于国防专利实施情况报告等。第四,违反"本国产业优先"原则时,介入权表现为将国防专利许可给在本国境内进行生产和制造的第三人使用和实施。

5. 国防专利领域政府介入权的行使程序

对于介入权的启动可以借鉴美国模式,分为依职权启动和依申请启动两种模式。程序启动时,行使介入权的机关应当告知国防专利权利主体介入的条件满足情况以及介入的方式,给予权利人充分的陈述与申辩权利与时间,最后当介入权行使机关做出介入决定而权利人又不服时,给予权利人明确的救济途径。

第三节　义务行为的约束分析

国防专利产权制度的义务行为是为了保证产权主体利益的实现而设置的,与权利行为相比,义务行为具有明显的封闭性。对于义务行为主要是通过责任条款进行约束。通过设置对侵权行为(违反义务的行为)的惩罚,威慑潜在的侵权者不敢侵权或者不愿侵权,从而降低侵权行为的发生率,保证义务行为在法定的轨道内行使,达到约束义务行为的目的。因此对义务行为的约束分析,实质上转化为对侵权行为责任条款有效性的分析。

一、国防专利侵权现状

国防专利侵权行为是指在国防专利权保护期或有效期内,行为人未经国防专利权人许可,也没有取得法律的特别授权,以营利为目的实施国防专利的行为。国防专利侵权行为与一般损害财产权的行为有所不同。在确定某一行为是否构成侵害国防专利权时,不能以财产本身是否受到损害来判断,因为作为国防专利客体的发明创造是无形的。国防专利侵权行为有四个构成要件:第一,必须有被侵犯的有效的国防专利权的存在;第二,行为人实施了他人的国防专利;第三,未经国防专利权人的许可;第四,为生产经营目的。

现实中,国防专利侵权纠纷发生的概率很小。作者曾经就国防专利工作进行了一次调研,针对"您所在单位或部门遇到过国防专利侵权纠纷吗?"这一问题,除去"多次遇到过"的0%和"不了解情况,无法回答"的67%之外,"偶尔遇到过"的占11%,"从没遇到过"的占22%。表面上没有侵权纠纷是否意味着没有侵权行为呢? 这并不一定。

国防专利侵权纠纷发生的概率很小,可能存在以下原因。第一,不知道侵权的情况。由于国防专利的保密性,国防专利领域是一个相对封闭的领域,信息相对不透明。作为刊载国防专利信息的《国防专利内部通报》,知晓和查阅的人并不多[①],加之国防专利数据库等类似的信息平台还不健全完善,导致国防专利信息的获取成本较高,很多单位并没有查询国防专利信息情况,重复研发,未经许可使用已有国防专利的情况客观存在,使用者并不知道侵权,国防专利产权主体也并不知道他人侵权。双方之间信息不透明。第二,知道侵权但并不维权的情况。调研发现,军工企业认为与国外发生知识产权纠纷能够很好处理,但是与国内发生知识产权纠纷很难处理。这里的难主要体现在:军工企业本身的知识产权法律人才欠缺,调查取证难,诉讼成本高,即使胜诉也不一定能够弥补之前的损失。同时判断国防专利是否侵权难度更大,国防专利本身查询困难,这就为判断侵权产品与专利产品的相似性带来了难度。而且,在知识产权使用中存在这样一种心态:自己的专利被别人用,不维权;自己也用别人的专利,不被告。企业认为,为了取得与同领域伙伴的更好合作,不相互诉讼是最好的选择。

---

① 调研发现,针对"您查阅过《国防专利内部通报》吗?"这一问题,"经常查阅"的占1%,"偶尔查阅"的占20%,"见过,但未查阅过"的占20%,"从未见到过"的占59%。

二、侵权的外部性及其规避方法

外部性是一个人或者一群人的行动和决策使另一个人或一群人受损或受益的情况。国防专利侵权外部性是国防专利侵权行为对他人和社会造成的非市场化的影响。外部性是市场价格机制之外人与人之间相互影响的关系。在正常的市场价格机制下,国防专利权许可给他人使用,被许可人支付相应的对价,许可的双方主体的福利都发生变化,这种变化是基于市场价格机制而发生的。而外部性并不依托于市场价格机制而是通过一个人的行为直接对他人的福利造成影响。国防专利侵权人未经权利人的许可擅自使用国防专利,为其带来了利益,同时未支付使用对价,给权利人的利益造成损害,利益与损害之间存在因果关系,侵权行为对损害的结果具有直接性。

国防专利侵权的外部性不能被市场价格机制所涵盖,这就影响国防专利技术资源在市场配置中的最佳状态。国防专利侵权行为为国防专利权人、合法实施人以及社会带来了附加成本,产生了负的外部性。一方面,侵权行为将导致专利权人私人利益降低,创新活动不足。用 V_{P} 表示专利权人进行国防专利创新活动的私人收益,V'_{P}表示受到侵权后专利权人的获益,V_{Q} 表示侵权人由于其侵权行为的获益。那么,$V_{\mathrm{P}} = V'_{\mathrm{P}} + V_{\mathrm{Q}}$。专利权人的获益减少,其减少的部分就是侵权人利益增加的部分。专利权人减少的利益主要包括两部分:第一,侵权人擅自使用专利而未向专利权人支付费用;第二,市场中专利产品的增加导致单个专利产品利润的降低,同时专利权人的市场占有率也降低。另一方面,侵权行为将削弱国防科技整体实力,公众获益减少。侵权行为刚出现时,可能会使公众获得相对廉价的专利产品,看似获益。但从长期来看,侵权行为会导致专利权人创新积极性受挫,发明创造活动减少,直接影响到国家整体的国防科技创新水平,专利技术越来越少,专利产品也越来越少,公众享受专利技术的福利也越来越少,公众福利水平越来越低。

如何将国防专利侵权行为的外部性内部化,从而减少侵权行为的发生,进而达到约束义务行为的目的?作者认为,负外部性内部化的过程就是外部性得以矫正,外部的边际成本加在私人边际成本上,由行为人承担给社会增加的额外的社会成本,从而使物品或者服务的价格得以反映全部的社会边际效益。在国防专利产权制度中,通过界定国防专利产权,确立财产规则,将外部性内部化;同时可以通过责任规则,对侵权人施加一定赔偿责任,增加侵权人的私人成本,将外部性内部化。本节重点探讨责任条款在遏制侵权行为时的约束作用。

三、归责原则的确定

责任类型模型的主体包括国防专利权人和国防专利侵权人。模型中包含侵权行为和归责原则。侵权行为受两个因素的影响:一是侵权人对侵权行为的注意水平,注意水平可以分为过错与无过错两种类型,其中过错包括故意[①]和过失[②]两种主观心态;二是侵权行为造成的客观损害程度,具体体现为未经允许擅自实施专利技术生产、销售、使用国防专利产品的数量。归责原则主要分为过错责任原则和无过错责任原则。过错责任,是指造成损害并不必然承担赔偿责任,必须要看行为人是否有过错,有过错有责任,无过错无责任。在过错责任中,注意水平与损害程度都作为归责的考虑因素。无过错责任,是指不以行为人的过错为要件,只要其活动或者所管理的人或者物损害了他人的民事权益,除非有法定的免责事由,否则行为人就要承担侵权责任。在无过错责任中,损害程度作为归责的唯一考虑因素。

按照卡尔多-希克斯效率标准,从社会总体的角度来看,约束的最优目标不一定是不发生专利侵权行为,而是约束侵权行为的过程中使约束的净收益最大化(约束侵权的总收益减去约束的总成本)。当制定苛刻严厉的惩罚措施预防侵权行为的发生时,侵权行为确实大幅减少,但是制定和执行这些惩罚措施需要成本,而这些成本如果并不能带来很明显的收益,那么这样的约束也是无效率的。

假设 q 为国防专利侵权损害程度,这种损害程度主要是通过侵权产品的数量体现。$R(q)$ 表示侵权人在损害程度 q 上的总收益。$S(q)$

① 故意,是指行为人明知自己的行为会造成损害而仍然希望或者放任损害结果的发生。

② 过失,是指行为人对自己的行为造成损害结果的发生应当预见但没有预见或者已经预见但轻信可以避免。

表示专利权人在侵害程度 q 上所获得的净收益。z 表示注意水平(或者某种注意水平下所对应支付的注意成本)。侵权可能带来的赔偿损失可以看成是侵权人付出注意水平(成本)z 时,侵权量为 q 时可能带来的赔偿损失 $L(q,z)$。社会总的净收益就是侵权人的净收益与专利权人的净收益之和,表达式为

社会总的净收益(RS) = 侵权收益($R(q)$) - 生产成本($C(q)$) - 注意成本(z) - 预期侵权可能带来的赔偿($L(q,z)$) + 专利权人的净收益($S(q)$),即

$$\mathrm{RS} = R(q) - C(q) - z - L(q,z) + S(q)$$

$$R(q) - C(q) - z - L(q,z) + S(q)$$

$$= R(q) - C(q) - (z + L(q,z)) + S(q)$$

假设 q^* 和 z^* 表示 q、z 的最优值。当损害程度为 q^*,注意成本为 z^* 时,侵权的社会净收益达到最大值。那么 z^* 是使 $(z + L(q,z))$ 最小化的 z。那么使 $R(q) - C(q) - (z^* + L(q, z^*)) + S(q)$ 最大化的数值决定了 q^* 的值。那么对该式求 q 的一阶导数,并令其等于零。则 q^* 由以下表达式决定:

$R'(q) + S'(q) = C'(q) + L'(q, z^*)$(社会边际收益 = 侵权人的边际成本 + 支付的损害赔偿)

当适用无过错责任归责时,只要发生损害后果,不论注意水平(主观过错)和注意成本,都应当对其损害承担损害赔偿责任。责任模型中,可以将 z 剔除,只需考虑最佳损害程度 q^* 即可。随着 q 的增加,$R(q)$ 、$C(q)$ 、$L(q)$ 都在增加,而且 $R(q)$ 增加量高于 $C(q)$①,$L(q)$ 在最初的增长也是缓慢的②。$S(q)$ 是逐渐减少的。只有当 q 到达一定点时,损害赔偿量高于诉讼成本,能够弥补专利权人的损失时,专利权人才会启动诉讼程序,进行追责。

当适用过错责任归责时,有过错承担责任,无过错不承担责任。假

---

① 只有这样有利可图,侵权人才有动力继续侵权。

② 当侵权量很少时,侵权给专利权人带来的损失小于诉讼成本时,专利权人不会提起诉讼要求其赔偿损失,只有侵权量达到一定点时,专利权人才可能启动侵权赔偿程序。

设合理的注意水平为$z\#$①。只要$z \geq z\#$，那么无论q为何值，侵权人均不承担侵权责任，此时侵权人不需要对侵权损害进行赔偿。侵权人只会考虑自身利益的最大化。于是应当求$R(q)-C(q)$的最大值。当$z \geq z\#$，此时对q求导，得出

$R'(q)=C'(q)$（侵权人的边际收益=侵权人的边际成本）

当侵权人没有过错时，无论其生产多少侵权产品都不能对其追究责任，那么这个侵权量由其自身根据所获利益的最大化标准进行选择。当侵权人的边际收益等于侵权人的边际成本时，侵权人的收益达到最大值，才会停止侵权。

当$z<z\#$时，侵权人存在过错，需要对其损害后果承担责任。约束侵权行为应当以社会收益最大化为目标，那么$R'(q)+S'(q)=C'(q)+L'(q,z^*)$（社会边际收益=侵权人的边际成本+支付的损害赔偿）。在过错归责原则中，立法者首先要寻找合理注意水平$z\#$，这是追责的起点；同时还要寻找q的最优值q^*。

结论：国防专利侵权行为发生时，适用无过错责任原则更加经济高效。第一，在过错责任原则时诉讼成本更高。在适用过错责任归责时，由于无过错不能追责，那么法院就应当预先确定合理注意水平，再将侵权人的注意水平与其相对比，高于合理注意水平，不追究责任，低于合理注意水平才追究赔偿责任。法院确定合理注意水平与对比注意水平都需要成本。除此之外，法院还需要计算损害程度，并最终确定损害赔偿数额。而在无过错责任归责时，只需要考虑损害程度即可。诉讼成本相对小一些。第二，在过错责任原则下，对过错的举证相对困难。这导致存在过错的侵权行为不能完全追究责任。这些侵权行为导致的专利权人的损失无法得到有效赔偿。第三，在过错责任原则下，由于侵权人只需要施加合理注意就不承担赔偿责任，那么侵权人的客观损害程度可能达到很高（侵权人以自身利益角度衡量损害的程度），这种损害程度并非社会所能接受的损害的最优值。那么对于超出损害最优值的部分专利权人如何求偿并无相应的安抚制度。

---

① 合理的注意水平可以看成是过错与无过错的临界点，高于临界点水平的为无过错，低于临界点水平的为过错。

对于国防专利领域内的侵权纠纷适用无过错责任原则在理论上是能够理解的。然而,无过错责任原则如何在实践中真正发挥作用,还需要完善相关的配套建设。例如建立完善国防专利信息查询系统、技术比对库等,方便领域内相关单位和人员查询国防专利信息,尽可能避免侵权但不知情的"无过错"情形的发生。

这里需要说明的是:专利侵权案件中适用无过错归责原则时,一般采取举证责任倒置。普通的民事纠纷,一般原则是谁主张谁举证。但是国防专利侵权纠纷涉及一种产品的制造方法或技术,这种技术或者方法只在产品制造的过程中使用,具有抽象性和非显而易见性。专利权人很难找到直接的侵权证据,而一个企业的生产方法又属于该企业的技术秘密,主张侵权的专利权人在客观上难以或无法到侵权人的企业中去搜寻并提供侵权证据,这样对专利权人的权利维护是很不利的。为了更好地保护专利权,《专利法》第六十一条第 1 款规定:"专利侵权纠纷涉及新产品制造方法的发明专利,制造同样产品单位或个人应当提供其产品制造方法不同于专利方法的证明。"国防专利通常是一项新技术或者新方法的发明,所以在证明责任承担上也采取举证责任倒置。更通俗的说,如果制造同样新产品的单位或者个人能够证明他的新产品是用专利方法以外的其他方法获得的,他就没有侵权;反之,如果他提不出相反的证明,就可推定该产品是使用专利方法制造的,就需要承担侵权责任。

四、损害赔偿的依据

判定专利侵权人承担侵权责任后,如何进行损害赔偿?《国防专利条例》对于解决纠纷的路径作了规范。《国防专利条例》第 32 条规定:"未经国防专利权人许可实施其国防专利,即侵犯其国防专利权,引起纠纷的,由当事人协商解决;不愿协商或者协商不成的,国防专利权人或者利害关系人可以向人民法院起诉,也可以请求国防专利机构处理。"对于损害赔偿数额并没有另行规定。而《专利法》第 65 条规定:"侵犯专利权的赔偿数额按照权利人因被侵权所受到的实际损失确定;实际损失难以确定的,可以按照侵权人因侵权所获得的利益确定。权利人的损失或者侵权人获得的利益难以确定的,参照专利许可使用费的倍数合理确定。赔偿数额还应当包括权利人为制止侵权行为所支付的合理开支。权利人的损失、侵权人获得的利益和专利许可使用费均难以确定的,人民法院可以根据专利权的类型、侵权行为的性质和情节等因素,确定给予一万元以上一百万元以下的赔偿。"由条文可知,专利侵权人损害赔偿数额依据的顺序为:第一,专利权人的实际损失;第二,侵权人的实际获益;第三,专利许可费的合理倍数;第四,一万元以上一百万元以下酌情确定。

(一)"实际损失"与"实际获益"标准的比较与适用

假设在未发生专利侵权时,整个市场是属于专利权人的,专利产品的市场售价为 P_1,销售量为 Q_1,那么专利权人的整体获利为 $R_1 = P_1 \times Q_1$。

侵权行为发生时,侵权人的侵权程度(侵权数量)为 q,这里分两种情况:

(1) 按照市场对于专利产品的统一售价 P_1 售卖,这意味着侵权人以同样的价格与专利权人瓜分了整个市场,市场的整体收益不变。专利权人的销售量变为 Q_2:

$$R_2 = P_1 \times Q_2 + P_1 \times q = P_1 \times (Q_2 + q) = R_1$$

那么

$$Q_1 = Q_2 + q$$

此时从理论上看,专利权人的实际损失 $= (Q_1 - Q_2) \times P_1 = q \times P_1 =$ 侵权人的实际获益。专利权人请求以专利权人的实际损失或者以侵权人的实际获益为赔偿依据均可。

(2) 由于侵权人对于专利产品是"拿来即用",不存在研发成本,侵权成本相对较低,因此侵权人将所售侵权产品的价格定得低一些,假设售价为 P_2,此时,专利权人有两种态度:

(1) 专利权人仍然按照原先的 P_1 价格销售,由于价格相对偏高,产品销量为 Q_3,侵权人以相对较低的价格 P_2 销售侵权产品,销量为 q,社会整体的获益为

$$R_3 = P_1 \times Q_3 + P_2 \times q$$

这里,$Q_3 + q \geqslant Q_1$,因为由于侵权人以相对较低的价格 P_2 销售,可能吸引潜在的需求者,这些需求者由于价格的降低而选择侵权产品,而

这些潜在的需求者在最初的市场中却没有现实的需求量。价格降低激发了他们的需求。

此时,专利权人的实际损失为 $P_1 \times (Q_1 - Q_3)$,侵权人的实际获益为 $P_2 \times q$,$P_1 > P_2$,$Q_1 - Q_3 \leqslant q$。如何比较 $P_1 \times (Q_1 - Q_3)$ 与 $P_2 \times q$ 的大小? 作者认为,要看专利产品的需求弹性。如果需求富有弹性,数量随价格变化会产生显著变化,此时 $P_2 \times q > P_1 \times (Q_1 - Q_3)$;如果需求缺乏弹性,数量随价格变化产生少许变化,此时 $P_2 \times q < P_1 \times (Q_1 - Q_3)$。针对国防专利产品而言,由于需求方是特定的,需求的市场数量也是有限的,国防专利产品是一种相对缺乏需求弹性的产品。因此,侵权人的实际获益要低于专利权人的实际损失。此时,专利权人以自己的实际损失为依据请求赔偿更加有利于权利的维护。

(2) 专利权人以与侵权人同样的售价 P_2 销售专利产品,产品的销量为 Q_4,侵权人的销量为 q,社会整体获益为

$$R_4 = P_2 \times (Q_4 + q)$$

由于国防专利产品属于缺乏需求弹性的产品,那么需求量对于价格的变化并不敏感,因此,$R_4 < R_1$。整体来看,社会总体获益降低。此时,专利权人的实际损失为 $P_1 \times Q_1 - P_2 \times Q_4$,侵权人的实际获益为 $P_2 \times q$。由于 $R_4 < R_1$,也就是 $P_1 \times Q_1 > P_2 \times (Q_4 + q) \Leftrightarrow P_1 \times Q_1 > P_2 \times Q_4 + P_2 \times q \Leftrightarrow P_1 \times Q_1 - P_2 \times Q_4 > P_2 \times q$。于是此时,专利人的实际损失大于侵权人的实际获益。专利权人以自己的实际损失为依据请求赔偿更加有利于权利的维护。

以上是对专利侵权过程中专利权人的实际损失与侵权人的实际获益做的理论分析,事实上,由于侵权诉讼中对于赔偿数额的举证困难,使这两种标准难以适用,交易成本太高。因为,当专利权人选择"实际损失"为赔偿依据时,需要举证自己损失的销售量以及这种损失是由专利侵权而导致的。事实上,销售量的损失可以依据财务报表上的数据分析加以证明,但是侵权行为与损失之间的因果关系很难量化。销售量下降的原因是复杂而多变的,从众多原因中提取出受侵权行为影响而导致的数量下降并非易事。实践中,几乎难以发现一例以权利人所失为诉求的侵权案例[139]。当专利权人选择"实际获益"为赔偿依据时,专利权人必须提供侵权产品的销售数量以及侵权人的营业利润,而

营业利润作为商业秘密很难被外人知晓,举证的困难程度可想而知。

(二)协商解决方式符合国防专利纠纷的特点

《国防专利条例》规定,国防专利侵权纠纷发生后,首先可以双方协商解决,不愿协商或者协商不成的,才启动诉讼程序。这一规定是符合国防专利侵权纠纷的实际情况的,也是纠纷双方都愿意选择的解决问题的方式,原因如下。第一,国防专利领域相对封闭,侵权纠纷双方通常属于同一系统,沟通起来相对容易。国防专利领域提起诉讼的侵权纠纷极少,一方面由于国防专利权人主张权利的少,另一方面通过协商路径解决纠纷的多。协商可以以最低的交易成本,谈判一个双方都能接受的交易价格。第二,实践中适用最多的赔偿依据是法定依据,即法院在 1 万 ~100 万元之间根据侵权纠纷的具体情况确定赔偿数额。上面分析了"实际损失"与"实际获益"标准在实践操作中的难度。国防专利权人通常自行实施国防专利,直接将国防专利运用于装备制造中,再从产品中获利,主动许可实施的情形非常少。同时,由于民事侵权通常是"填平式补偿"而非"惩罚性补偿",侵权人在权衡侵权成本与合法使用成本后,往往会选择成本较低的侵权成本,而非从国防专利权人那里获得合法的授权。因此在无专利许可费的情况下,国防专利权人也不会选择这一赔偿标准。第三,民事诉讼程序中一个重要的特点是充分尊重双方当事人意思自由,即使在适用法定赔偿标准时,法官也会随时征求双方是否有调解的意愿。与其由法官作为第三人调解,不如双方当事人协商解决更加高效便捷。

本章小结

本章主要研究国防专利产权制度的约束效率。以国防专利产权主体行为的实然状态与应然状态相吻合的约束目标为牵引,探讨了对权利行为的约束和对义务行为的约束两个方面。对权利行为的约束方面,应当限制权利的滥用。在剖析国防专利产权中包含的利益冲突的基础上,以利益平衡作为权利约束的出发点,对现行权利约束的制度规定进行了评价,针对国防安全与经济发展的双重需要,以美国经验为借鉴,在国防专利领域引入和再造了"政府介入权"。对义务行为的约束方面，应当惩治非法的履行。通过对调查问卷相关内容的统计分析，归纳总结了国防专利领域的侵权情况，并分析了侵权的外部性以及规避方法。利用构建责任类型模型，对比了无过错责任与过错责任两种归责情形下的成本与收益，得出国防专利侵权行为发生时，适用无过错责任原则更加经济高效。通过考察损害赔偿数额依据的几个类别，得出协商确定赔偿数额是国防专利纠纷解决的最佳方式。

第五章　国防专利产权制度的保险效率

国防专利产权制度的保险功能是通过降低或减弱人们在交往过程中面临的不确定性风险,帮助人们形成对交往结果的相对确定的预期,增加人们对交往行为与结果的心理安全感。降低或减弱不确定性可以通过降低制度风险达到。因此,降低制度风险便成为实现制度保险功能的路径。本章主要通过分析制度风险及其规避途径,实现国防专利产权制度的保险目标,完善保险功能,提升保险效率。

第一节　国防专利产权制度的保险理论

一、保险目标:减少不确定性

在缺乏制度的社会环境中,人们之间的交往通过个别约定达成,由于信息的不对称以及监督机制的缺失,人们相互沦为他人机会主义行为的囚徒而难以自拔。制度的出现为人们提供了一套简化识别负担(Cognition Task)的关键功能[140],能够帮助人们应付对不能驾驭生活所怀有的原生焦虑(Primordial fear),使复杂的人际交往过程变得更易理解和更可预见,使人们更易于避免"超负荷识别"(Cognitive Overload),从而对自己的行为结果更有把握。制度提供了一套一般性的条件模式、行为模式以及相对应的结果模式,主体通过对制度的解读,能够更好地应对现实的具体细节。制度帮助人们理解复杂而混乱的周围世界,因而在相当程度上保护了人们,使人们得以免于面对不愉快的意外和他们不能恰当处理的情形。制度的保险功能是指制度能够将人们面临的不确定性风险进行转移或者减弱,以便使人们形成对行为结果的相对确定的预期。简单地说,制度的保险功能体现在抑制机会主义行为,减少人们交往中的不确定性。

制度所内涵的保险功能能够给人们带来心理上的舒适感和安全感,使人们感觉自己属于一个有序的、文明的共同体。在这个共同体中,协调成本很低,风险有限,人们能有在家里的感觉,周围的人都是可以信赖的,与他人的交往不会太累。制度创造着诱发归属感的多种纽带,这些归属感是令人满意的[141]。

二、保险途径:降低制度风险

(一) 制度风险

风险是指某一特定的危险情况发生的可能性和后果的组合。制度有其特定的目的和预期的结果指向,而在制度运行的过程中,由于种种原因而导致制度的实际结果偏离了预期结果,造成制度结果的不确定性。这种制度结果或结局的不确定性就是制度风险。也可以认为,制度风险是指制度设计的主观动机与现实运行的客观效果不能达成一致进而出现功能偏差导致种种不确定的意外后果[142]。

(二) 制度风险的表征

如前所述,制度风险的存在会使制度客观运行状态与制度制定者主观期望之间存在偏差。通过对现实中制度风险的观察与梳理,作者认为制度风险的表征可以体现为五种状态:

(1) 制度不完备。制度不完备是制度没有满足社会生活的全部要求,有法可依并没有贯彻到所有领域。制度不完备可以具体表现为:对某些领域或问题缺乏制度规范,无法可依;随着时代的发展和实践的丰富,一些新的矛盾和问题出现,制度对此尚未规范;存在对一般性问题的笼统概括性的规定,但是缺乏细化的配套规范,使特殊情况无章可循。

(2) 制度不和谐。制度不和谐是指制度内部之间存在矛盾与冲突,使整个制度体系无法有序运作。制度不和谐可以具体表现为:由不同主体制定的制度之间相互冲突;不同层级的制度之间相互冲突;同等层级的制度之间相互冲突;不同领域制度之间对交叉部分的规范有冲突。

(3) 制度不明确。制度不明确是指制度规范的笼统概括不具体或者由于文字表达产生理解分歧而导致适用时无所适从。制度不明确可以具体表现为:制度规范过于原则概括,缺乏具体细致的执行标准;制度本身的文字表达不够清晰,或者容易产生歧义,从而导致制度的不明确。

(4) 制度不合理。制度不合理是指制度的内容不符合实践发展规律,不能表达各方主体的利益诉求。制度不合理可以具体表现为:制度的内容不是建立在广泛调研的基础上,没有反映客观社会的真实情况;制度的内容没有体现利益平衡,一部分主体获益是建立在其他主体利益超量损失的基础上;随着时代的变迁,制度内容没有随时更新,不能适应时代的需要。

(5) 制度执行偏差。制度执行偏差是指在制度执行的过程中,除去制度本身的原因而导致制度运行结果与预期结果之间的偏差。制度本身的原因是前述的制度不完备、不和谐、不明确和不合理。除此之外,由于制度是由人来执行,人本身的思维限制、行为习惯、意识传统等对制度的执行都可能产生影响。

上述的五种制度风险可以根据存在状态做一个分类:前四种是对制度本身性质的描述,具有静态性,可以称为静态的制度风险;第五种是对制度运动状态的描述,具有动态性,可以称为动态的制度风险。

(三) 不确定性与制度风险之间的逻辑联系

制度的保险功能主要体现于抑制人的机会主义行为,降低行为结果的不确定性。作者认为,通过降低制度风险,降低制度结果的不确定性,可以有效地降低人的行为结果的不确定性。也就是说,降低制度风险是实现保险功能的手段和路径。行为结果的不确定性主要源于环境的复杂性、人的投机性以及人与环境互动过程中的不确定性。而要降低行为结果的不确定性就可以从这三个方面入手:减弱环境的复杂性、人的投机性以及人与环境互动过程中的不确定性。这些工作是可以通过降低制度风险来完成的。现实客观环境是复杂多变的,制度设立条件模式时,可以将环境的各种情形抽象归纳,对环境情形进行分类,以便分析在各种不同的环境情形下行为的发展变化。人的投机性是人利己性的体现,人总是追求自身利益的最大化,个人利益最大化的目标与制度目标之间必然存在冲突,通过完善制度,增加个人选择的交易成本,降低个人选择的收益预期,能够抑制人的机会主义行为。对于人与环境的互动过程,制度可以丰富和完善人的行为结果模式,稳定人们对自己行为的结果预期。降低行为的不确定性与规避的制度风险如表 5-1 所列。

表 5-1　不确定性与制度风险的关系

行为结果的不确定性	制度规制手段	减弱的制度风险
环境的复杂性	将条件模式抽象归纳	制度的不完备
人的投机性	完备行为模式,增加结果模式的交易成本	制度的不完备、不合理
人与环境互动的不确定性	完备结果模式并使其明确化	制度的不完备、不明确

从表 5-1 可以看出,通过制度规制的手段降低行为结果的不确定性,也同时自然地减弱了相应的制度风险。同理,通过降低制度风险的手段也可以达到降低行为结果不确定性的效果。两者是密切相关,相互影响的。虽然降低制度风险不是制度保险功能的最终指向,但却是实现保险功能的有效手段。本章就是通过降低制度风险达到实现保险功能,提升保险效率的目的的。

三、保险效率的影响因素

(一) 制度风险的来源

降低制度风险的前提是要明确制度的风险来源于哪里。如前所述,制度风险是由于种种原因而导致的制度运行的客观结果与制度设计者主观愿望之间的偏差。哪些原因会导致制度结果与主观愿望之间的偏差?作者认为可以归纳为三种因素:①人的有限理性;②立法技术;③非正式制度。每种不同的风险来源所引起的风险表征有所差异,但也可能重合。

1. 人的有限理性

由于人们面对的环境是复杂的、多变的、不确定的,加上人们对其自身所生存的环境的认知能力和计算能力是有限的,因此人的行为具有有意识的有限理性(Arrow,1951)。人们在做决定时,并非寻求"最大"或"最优"标准,而是"满意"的标准(Simon,1955)。人类的理智在其秩序模式的形成机制上所能达到的认知水平是十分有限的,对于复杂的环境,只能掌握一些有关它一般结构的“抽象知识”,而这完全不足以使我们有能力建造或预见它们所采取的具体形式[143]。由于人类的有限理性,使基于有限理性的设计产物——制度建设不可能达到制度预先期望的效率水平。在构建制度的过程中,由于人的有限理性,人们对客观环境的认知是不完全的,对复杂世界背后隐藏的发展规律也不能完全掌握,这就会引起人所认知的主观世界与客观现实世界之间存在偏差,基于这种不完全的认知水平所制定的制度很难完全与现实世界贴合。由人的有限理性引发的制度风险可以表现为:制度不能完全满足现实需求和制度的前瞻性不够。

2. 立法技术

立法技术是立法活动中所遵循的用以促使立法臻于科学化的方法和操作技巧的总称[144]。根据不同视角观察立法技术的结果,可以将立法技术分为立法活动的运筹技术和法的结构营造技术。立法活动运筹技术主要是指立法活动过程中安排、调度、筹划和控制有关事项的方法和操作技巧。其目的在于帮助立法者科学地确定立法活动的方针和行动,正确地做出立法决策。立法的运筹技术,从纵向看可以包括:立法准备阶段关于立法预测、规划、创意、决策和法案起草等工作的运筹;由法案到法的阶段关于提案、审议、表决、公布等工作的运筹;立法完善阶段关于立法解释、法的变动、清理、汇编、编纂、立法信息反馈等工作的运筹。从横向看包括:立法的一般方法和基本策略、法的体系的构造、法的形式的设定、法的结构和语言表述。法的结构营造技术是法案起草技术,主要包括法的总体框架设计、法的基本品格设定、法的名称构造、法的规范构造、非规范性内容安排、法的语言表述等技术。

立法技术的成熟程度直接关系到立法的质量。立法技术会对制度的不确定性造成影响,进而形成相应的制度风险。由于缺乏协调统一的立法安排,可能造成不同或者同一效力层次的制度之间相互矛盾和抵触,对某一行为的制度规定并不完整。或者已经在制度之间预留了衔接的接口,但相关的配套规范并没有完善,从而出现立法空白。由于立法预测不够准确,对立法规律把握不够,使制度难以与不断发展的客观世界相吻合,从而导致制度内容不够全面和科学;由于法律文本起草技术的缺陷,使制度的某些规范内容过于抽象和笼统,缺乏相对清晰的明确规定，在实践中缺乏可操作性和可执行性；有些制度规范过于刻板，缺乏弹性，给予司法者的自由裁量权不够；有些制度规范设置不够严谨周密，缺乏配套规范支撑；有些制度规范的语言表达模糊不清，导致适用者对规范的理解上容易产生歧义，无所适从。

3. 非正式制度

制度经济学将制度分为正式制度和非正式制度。正式制度是经过国家创制或者确认，由国家强制力保证实施，具有普遍约束力的各种行为准则，包括法律制度、法规规章、政策条令等；非正式制度是人们在长期交往中逐渐形成的价值信念、惯例传统、习惯习俗、伦理道德、精神状态、意识形态等对人们行为产生非正式约束的规则，其中意识形态占主导地位，它们对社会发展具有深层次的影响和作用。非正式制度是具有极强的乡土性的地方性知识[145]。非正式制度具有自发性，并非人为刻意的设计和理性的算计，而是经过人们的反复博弈和长期的历史沉淀自然形成的价值取向、思维方式和行为模式，人们对非正式制度的遵循通常是出于习惯而非理性的算计；非正式制度具有非强制性，其变迁和实施并不依靠国家的强制力量推行，而是靠人们内心自觉的遵从来维持；非正式制度具有广泛性，非正式制度是不同种类、不同层次正式制度的底色，渗透到社会生活的方方面面，对人们行为的影响更加广泛和深入；非正式制度具有稳定性，其变迁比较缓慢，即使正式制度发生了变化，非正式制度的某些因子也会遗传下来，稳定地沿着自身的发展轨迹继续发挥作用。

（二）影响因素的筛选

降低制度风险是发挥制度保险功能的关键，制度保险功能发挥的好坏又直接关涉到制度保险效率的高低。由此可以判断，制度风险的规避情况与制度保险效率息息相关。通过前面分析，人的有限理性、立法技术以及非正式制度是造成制度风险的三大来源，那么要降低制度风险，可以考虑从来源方面入手。减少制度风险的来源问题，从源头上堵住制度漏洞，降低制度风险，提升保险效率。

受制于人的知识、文化、环境、能力甚至情绪等条件，人的认知是有限的，人具有有限理性。有限理性人寻找的并非“最大”或者“最优”标准，而是“满意”标准。有限理性的命题假设拉近了理性选择的预设条件与现实生活的距离。制度总是不可能达到完美状态的,人的有限理性是造成制度的现实最优状态与理想完美状态之间差距的因素。有限理性是人所固有的无法消除的经济属性,这一来源是客观存在也确实引起了制度风险,但是它却是不可改变、不可控的因素。既然人对其本身固有的弱点不可控,那么就没有提升的空间。因此,人的有限理性虽然是制度风险的来源,却不影响制度的保险效率。

立法技术的成熟度是影响因素之一。提高立法技术是减少静态制度风险的方法。完善立法活动运筹技术,保持法律体系各个层级之间相互统一衔接,避免相互冲突与矛盾,使制度更具科学性;完善立法预测与立法规划技术,使立法贴近现实,落实理论与实践相结合,使制度更具现实性和针对性;完善法律草案起草技术,规范立法语言,明确条文表述,使制度更加清晰明了。

非正式制度与正式制度的匹配度是影响因素之二。提高非正式制度的匹配度是减少动态制度风险的方法。通过营造法治氛围,提升维权意识,改善文化基础,能够减少革新的正式制度运行的阻力;通过干预行为习惯与传统,增加传统交互行为的交易成本,能够促使行为模式与制度要求保持一致;通过细化明确正式制度,明晰各个主体之间的权利义务关系,调整非正式制度中的交往网际关系,能够使制度运行过程更加公开透明。

第二节　静态制度风险的规避——提高立法技术

静态的制度风险是制度本身存在的风险,包括制度的不完备、不和谐、不明确和不合理。静态风险在制度制定完成时就存在,因此,提高制度制定过程中的立法技术,能够有效地规避静态风险,使制度体系更加科学和完善。

一、国防专利产权制度静态风险的具体表现

国防专利产权制度采取的是专门立法与分散立法相结合的立法思路。在遵循国家普遍适用的《专利法》及《专利法实施细则》,以及相关法规的基础上,制定了专门的《国防专利条例》,在与国防相关的法律

法规中，增加了知识产权（专利）内容。总体而言，目前我国已经初步构建了法律—法规—规章三级一体的国防专利产权制度体系雏形。然而，由于国防专利产权领域立法起步较晚，立法技术欠成熟，制度体系还存在一些风险和漏洞，具体如下。

（一）缺乏周全考量，制度规范不完备

由于国防专利产权制度体系建设起步相对较晚，除了《国防专利条例》这一单行法规外，其他依托于国家专利法律制度，由于国家专利法律制度具有普遍适用性，不能有效满足国防专利产权的特殊需要，影响和制约了国防专利产权制度建设；同时，我国国防科技工业和武器装备科研生产长期实行计划经济管理体制，导致国防专利产权制度与国家专利制度建设相比，重视程度和发展水平还存在较大差距，尤其是对国防专利产权的特殊性问题规范不足，存在制度真空，例如，国防专利产权的权利归属与利益分配问题。《国防法》第三十七条规定，国家为国防建设投入资金形成的技术成果属于国防资产，国防资产归国家所有。这种一刀切的归属方式显然与当前国防科研创新主体多重利益需求不匹配，不适应现实发展要求。《科技进步法》对涉及国家安全、国家利益和重大社会公共利益的国防知识产权的归属做了排除性的规定；《国防科工委关于加强国防科技工业知识产权工作的若干意见》虽然将执行国家国防科技计划项目形成的智力成果的知识产权授予完成单位，但是并没有明确涉及国家安全的国防知识产权的归属。《国防专利条例》也仅仅授权国防专利申请人以产权主体的法律身份，但是由谁申请并不明确。国防专利的归属问题仍未规定。此外，对于国防专利产权的激励机制、转化机制、评价机制以及约束机制等关键问题，缺乏系统规定；对于军用计算机软件和军用集成电路布图设计，也没有相关制度依据，不能满足国防专利产权制度建设的现实需要。

（二）缺乏系统规划，制度规范不和谐

国防专利产权制度体系建设是一项系统性工作，由于涉及军地双方主体，立法任务比较艰巨、协调难度较大，涉及部门多，利益交织错综复杂，并受到国家和军队立法权限、立法程序和统一规划与安排等因素的制约、限制。国家和军队针对国防专利产权的立法工作尚未形成统一和有效的合力，缺乏科学系统的立法规划，也没有按照国防专利产权

制度建设的要求推进立法工作。正是由于缺乏科学规划和系统思维，国防专利产权制度体系内部存在冲突和矛盾。例如，《国防专利条例》规定国防专利应当有偿使用，但是在《军品定价办法》中，虽然规定了适当的成本与利润的计算方法，但并没有将知识产权产生、维护、转移的相关费用列入成本计算中。这就造成军品技术研制方的智力投入不能得到合理补偿，无法从项目的应用、转化收益中取得应得的利益，激励创新机制不足。

（三）缺乏配套细则，制度规范不明确

国防专利产权制度相对于其他国防知识产权类别而言，相对系统。《国防专利条例》对于国防专利保密解密、转让实施、专利代理、纠纷处理与补偿等问题都有规定，但规范的过于原则，偏重于笼统概括和原则性管理，缺乏可操作性，没有相关配套的实施细则和操作规范，使这些规定无法真正得到落实。例如，《国防专利条例》第六条规定：国防专利因情况变化需要变更密级、解密或者延长密期的，国防专利权人可以申请变更密级、解密或者延长密级；也可以由国防专利机构自行决定变更密级、解密或者延长密级。但是对于国防专利解密的原则、条件、程序、审查机构都没有进行深入规定，使得该条文缺乏可操作性。又如《国防专利条例》第三十二条规定：侵犯国防专利权引起纠纷的，由当事人协商解决；不愿协商或者协商不成的，可以诉讼解决，也可以请求国防专利机构处理。这一条仅仅规范了国防专利纠纷处理的方式，但是如何调处纠纷矛盾，国防领域的专利纠纷处理应当存在其特殊性，但目前没有更深入的规定办法。

（四）缺乏科学论证，制度规范不合理

国防专利产权制度中由于对国防专利特殊性考虑不周全，从而导致规范内容不符合国防专利自身的特点。例如，《国防专利条例》第十三条规定，他人未经国防专利申请人同意而泄露其内容的，在申请日之前的6个月内，不丧失新颖性。对于普通专利而言，这一规定是合理的。但是对于国防专利而言，技术只在一定范围内公开是其重要特征，如果技术已经被泄露，可能的结果就是该技术客观上成为公智技术，而且技术一旦公开是无法恢复到保密状态的，再作为国防专利申请已经没有必要和可能了。同时，国防专利产权制度由于更新不及时，一些内

容明显不适合当前社会现实的需要。例如,《国防法》第三十七条规定,国家投资形成的技术成果归国家所有。该条文的立法原意在于保护国防资产,但是如何在这一考虑的基础上明确技术研发主体的权利是目前迫切需要解决的问题。市场经济鼓励主体合法主张自身的权益,而计划经济体制下形成的军队与研制方固定化的交互模式不能很好地保障市场经济环境中研制主体的合法权益,不利于形成武器装备研制的持续创新力。

二、立法技术在国防专利产权制度形成中的运用

(一)立法技术的法理阐释

关于立法技术的涵义,主要存在"规则说"、"活动、过程说"和"方法技巧说"三种观点。"规则说"认为,立法技术是最合理地制定和正确表述法的内容的规则的总和。这一学说的主要代表人物有苏联的法学家凯里莫夫、科瓦切夫等。"活动、过程说"认为,立法技术是国家制定法律内容,表达法律规范内容和形式的特殊活动和过程。这一学说的主要代表人物有罗马尼亚法学家纳舍茨、中国台湾立法学家罗成典等。"方法技巧说"认为,立法技术是立法实践中形成的方法和技巧的总和。中国大陆法学界多持这种观点。作者也赞同"方法技巧说"。立法技术是立法活动中所遵循的用以促使立法臻于科学化的方法和操作技巧的总称。简而言之,立法技术是开展立法活动的方法和技巧的总和。

按照不同的种类、内容和角度,可以对立法技术做出不同的分类。根据对立法技术观察的角度,立法技术可以分为宏观立法技术、中观立法技术和微观立法技术。宏观立法技术是立法的一般方法、理念或者指导原则;微观立法技术是指立法活动中具体的方法和技巧;中观立法技术是指介于宏观和微观之间的立法技术。根据立法技术之间关系的角度,立法技术可以分为纵向立法技术和横向立法技术。纵向立法技术是将立法活动看成一个纵向过程,在各个阶段存在的方法和技巧。横向立法技术是从平面的角度观察立法,在立法活动中遵循的方法和技巧。根据立法活动内容的角度,立法技术可以分为立法活动运筹技术和法的结构营造技术。立法活动运筹技术是指立法活动中如何安排、调度、筹划和控制有关事项的方法和技巧。法的机构营造技术是指

法案的起草技术。根据立法阶段的角度,立法技术可以分为立法准备阶段的技术、立法制定阶段的技术、立法完善阶段的技术。立法准备阶段主要是针对立法预测、规划、决策、理念、原则的确定和选择等方面的工作。立法制定阶段主要是针对法的内容表述(结构、形式、语言)方面的工作。立法完善阶段主要是针对立法解释、变动、清理、编纂、信息反馈等方面的工作。

作为手段和方法,立法技术对于法律制度功能的发挥至关重要,具有弥足珍贵的价值。从宏观角度看,立法规划与时代发展的匹配程度、立法内容与社会现实的吻合程度以及立法意图的实现程度,都与立法技术的成熟度息息相关;从微观角度看,法的名称与形式、结构、语言等,能否得到科学安排和表现,很大程度上取决于立法者对立法技术的掌握运用程度。从效率的角度分析,立法效益与立法资源耗费之比,更与立法者的立法技术水平分不开[146]。

(二) 国防专利产权制度的立法过程及配套技术

将国防专利产权制度的立法过程分为三个阶段:准备阶段、制定阶段和完善阶段。每个立法阶段都有各自不同的内容,包涵了不同的立法技术。下面将国防专利产权制度立法各个阶段的内容以及相对应的立法技术具体论述。

国防专利产权制度的准备阶段,立法者应当考虑国防专利产权制度体系建设规划(立法的先后次序、轻重缓急,立法时机的选择)、立法的理念与原则(拟制定的制度应当选择的价值遵循和应当把握的根本原则)、立法内容(通过广泛调研确定制度应当规范的内容)。该阶段配套的立法技术有立法规划技术、价值选择技术、内容确定技术。

国防专利产权制度的制定阶段,立法者应当考虑制度的结构设计(总则、分则、附则的设置,章节目款项等目录的编制)、规范构造(行为模式、结果模式的一般规范构造以及特别规范的构造,包括授权性规范、义务性规范、命令性规范、禁止性规范、确定性规范、委任性规范、准用性规范、强行性规范、任意性规范、奖励性规范、处罚性规范、政策性规范、特别条款规范、过渡条款规范等)、语言表述(文体、词汇、语态、符号、专业术语等的运用)。该阶段配套的立法技术有结构设计技术、规范构造技术和语言表述技术。

国防专利产权制度的完善阶段，立法者应当考虑制度的立法解释（对制度本身进行解释，使得制度更加明确）、变动清理（根据时代与现实需要，对制度进行修改、增加和废止）、编纂整理（将某一部门的全部现行规范性法律文件进行内部加工整理使之成为一部系统化的新法典的活动）。该阶段配套的立法技术有立法解释技术、修改清理技术、法典编纂技术。国防专利产权制度各阶段对应的立法技术如表5－2所列。

表5－2　国防专利产权制度各阶段对应的立法技术

立法阶段	立法工作	立法技术
国防专利产权制度准备阶段	拟定立法规划	立法规划技术
	选择立法理念	价值选择技术
	设计立法内容	内容确定技术
国防专利产权制度制定阶段	制度结构设计	结构设计技术
	制度规范构造	规范构造技术
	制度语言表述	语言表述技术
国防专利产权制度完善阶段	立法解释工作	立法解释技术
	变动清理工作	修改清理技术
	编纂整理工作	法典编纂技术

三、国防专利产权制度立法技术的反思及优化

（一）存在问题

1. 准备阶段

（1）立法规划方面。由于整个国防知识产权法律体系起步晚、发展慢，国防专利产权制度缺乏科学系统的立法规划。国防知识产权领域的立法普遍存在“滞后性”。由于重传统轻创新，制度的制定者缺乏超前立法的勇气，未雨绸缪的工作不多，而情势所迫的立法不少。由于国防知识产权领域的矛盾越积越多，迫切需要有制度依据解决这些矛盾，这时才出现国防知识产权相关的立法探讨与实践。缺乏认真分析国防专利生成发展各个阶段的特点和面临的矛盾问题，没有具体的立法规划；缺乏对国防专利制度中存在的轻重缓急问题的梳理，没有系统规划和立法重点；缺乏对现有制度与国防专利产权制度关系的分析，从

而导致出现制度真空或者制度冲突。

（2）内容确定方面。由于国防专利领域相对封闭，研究该领域的知识产权专家相对较少，关注度不高。调研立法时，以发放调查问卷、泛泛座谈的多，而专家论证、听证、网络调查等调研形式运用的较少；调研对象以行政管理人多，听取管理相对人的意见少。立法调研不充分，在具体的方式和手段方面存在局限，使拟制定的内容不能与实践需求相匹配，影响了调研效果。

2. 制定阶段

（1）结构设计方面。国防专利产权制度的立法名称不够统一。行政法规和军事法规可以冠以条例、实施办法、规定、办法、细则等，但是何种情况下使用哪种名称，缺乏固定标准。行政规章和军事规章也可以冠以规定、办法、细则、规则等。这样，法规和规章在名称上存在交错重复，我们不能通过规范性文件的名称判断其法律效力与性质。另外，在规范结构方面贪大求全，想面面俱到，一个规范不管效力层次和实际需要，都分总则、分则、附则，章节条款项一应俱全，从而将一些宣言式、空洞而无操作性条款也列入其中。

（2）规范构造方面。由于受“宜粗不宜细”的立法思想的指导，制定制度者担心写得太细、太具体影响实践操作的空间，立法内容重原则轻具体。在国防专利产权制度规范的结构方面，存在条件设置不明确、行为模式与法律后果配置失衡以及行为模式缺乏相应的法律后果等问题。例如，有些规范对某一行为设置了强制性规范，但却未规定如果行为人违反这些规范该如何承担责任；有些规范赋予了行为人权利，但是却缺乏相应的法律救济。

（3）语言表述方面。立法语言有别于学术语言、公文语言、文学语言，具有其特定的风格。一般要求准确、精炼和严谨。国防专利产权制度规范的语言表述方面也存在一些问题。例如，在语体风格上，某些用语不规范，出现政策性语言和宣誓性语言等；在语言表述上，存在过于抽象、笼统、原则等问题，难以准确把握；在语言结构上，存在语词搭配不当、逻辑不通、结构欠妥等问题。

3. 完善阶段

（1）立法解释方面。由于之前国防领域知识产权的维权意识不强，对国防专利产权制度规范的主动运用并不普遍，实践中对于制度规范运用时出现的矛盾比较少，对于制度的立法解释很少。执法部门、司法机关往往任意解释，造成了一些规范适用时的混乱。

(2) 修改清理方面。国防专利产权制度规范的修改清理不够主动及时。目前，国防专利实践中出现许多新情况、新问题，原有的国防专利产权制度体系中很多规范不能适应当前的需要，有许多法律规范制定时间较早，其所调整的社会关系与当前实际情况不能匹配，迫切需要修改清理。

(二) 优化路径

1. 促进制度内外关系的协调

国防专利产权制度按照立法主体是否为军事单位，可以分为军事性质的国防专利产权制度和非军事性质的国防专利产权制度（也就是普通的国防专利产权制度）。一方面，由于军事活动的保密性要求，一部分军事法律规范只对一定范围内的人员公开。例如国防知识产权局制定的一些与国防知识产权有关的内部规章制度，外部人员无法通过互联网获知，其普及范围很窄。那么这就导致其他主体在制定国防专利产权制度时，无法获取属于内部的制度文件，从而造成彼此的制度规范之间不透明，进而无法有效衔接。另一方面，军事立法与普通立法之间缺乏沟通机制。缺乏对国防专利产权制度立法的宏观协调部门，普通立法对于有关国防专利的特殊性问题把握不足，军事立法主体对国防专利产权制度的普通立法了解不够。

应当加强国防专利产权制度的内外协调。一方面，科学对国防专利产权制度进行定位，准确把握其在整体法律体系中的地位和作用，融洽它与其他制度体系之间的关系，搞好制度之间的衔接与配合；另一方面，处理好国防专利产权制度内部的关系，构建军事立法与普通立法之间的沟通协调机制，加强国防专利产权制度内部的信息互动，减少制度中的冲突与矛盾，填补制度真空。

2. 提高立法人员的专业素养

国防专利产权制度体系中大部分制度为法规、规章层次，通常是由国务院及各部委、军队及其总部级机关、军（兵）种、战区制定的规范性文件。军事性的国防专利产权制度由于立法人员少，立法素养不高，从而导致军事性立法的质量不高,不利于国防专利产权制度整体协调发展。

应当提高立法人员的专业素养,丰富其职业技能,从而推动立法质量的提升。首先,在国家统一的立法技术规范的基础上研究制定《军事立法技术规范》,为军事立法提供操作依据和评估标准,提升军事立法的标准化和规范化的水平。其次,加强立法人员自身的法律业务培训。定期对从事立法的人员开展法律知识与业务的培训,增强其法律思维,提高法治素养。在立法任务较多的部门确定相对固定的立法联络人员,形成稳定的立法工作队伍。再次,要加强全国人大的军事立法力量,推动设立有关国防和军事方面的专门委员会,专门负责军事性法律的调研、建议、论证以及起草工作[147]。

3. 加强立法的科学化、民主化

目前在研究制定国防专利产权一些制度过程中,并没有经过充分的调研论证就草草出台,以至于一些内容不够科学合理而不能落实,实际运行效果大打折扣。另外,受到某些错误观念的影响,认为军事活动涉及国家秘密,军事法规一般也只在一定范围内公开,因此军事立法也应当秘密进行,不宜进行公开广泛的调研。

应当加强国防专利产权领域立法的科学化、民主化。首先,完善军事立法程序。审慎论证立法项目,避免盲目启动,加强督导,严格论证项目的必要性和可行性。立法主体多样化,引进立法回避制度,由科研院所、法制机构或者其他较为中立的部门起草,或者多个部门联合起草。其次,加大立法调研力度。听取多方面的意见和建议,包括各个相关业务部门、军事专家、法律专家、国防科技工业部门等。丰富调研形式,细化调研环节,使综合分析调研结果的过程形成固定化程序。再次,完善立法审查和反馈程序。建立对现有法律法规制度的动态评估机制,在实施过程中经过审查和反馈机制调查实施状况,作为未来修改或者制定新法的依据。

第三节　动态制度风险的规避——调整非正式制度

制度的动态风险是在制度实施运行的过程中,由于一些因素的影响,导致制度执行偏差。制度总是在一定的社会环境中运行,而社会环境中与制度相关的价值信念、惯例传统、习惯习俗、意识形态、法治氛围等都对制度的执行产生影响。这些属于非正式制度范畴。因此,研究非正式制度与正式制度之间的逻辑关系,调整非正式制度,使其与正式制度相匹配,能够降低制度执行过程中的动态风险。

一、国防专利产权制度动态风险的具体表现

制度的生命在于正确的执行,只有将文字的制度转化为行动的制度,其功能才能真正发挥。上文中作者分析了制度静态风险的体现,此处,将静态风险剔除。假定静态制度本身是完美无瑕疵的,那么当制度运行时,由于一些因素的介入,导致制度运行偏离了预期目标,从而造成了制度的动态风险,引起制度运行效率的损失。按照这种分析思路,将国防专利产权制度的现实情况进行抽象,其动态风险有以下几种体现。

(一)制度条款完全没有落实执行,形同虚设

制度条款完全没有落实执行有两种原因:①制度条款内容与立法需求背离,与民意相左,得不到实践支持,从而不被执行;②制度条款本身合理,但是各利益主体从自身利益出发,没有落实制度规定。由于目前立法程序相对正义,采取民主集中制,广泛征求民众意见以及相关利益主体的建议,因此完全不合理、得不到支持的条款极少。第二种原因导致的条款形同虚设的情况比较普遍。例如,科研人员的奖励报酬落实问题。现行国防专利产权制度中存在对科研人员奖励报酬的比例或者数额幅度的规定,但是实践中,科研院所并没有落实。原因在于:科研院所在与科研人员的博弈中,从自身利益出发,凭借自身天然的优势地位,随意缩减科研人员的可期待利益。加上缺乏对科研单位不执行奖励报酬条款的责任追究,科研单位更无后顾之忧。他们只考虑近期利益和自身利益,而不考虑长远利益和全局利益。缺乏国防知识产权战略的长远眼光和全局视野,严格依法行事的意识没有完全形成。

(二)制度条款没有完全落实执行,大打折扣

目前,国防知识产权领域的战略意识和维权意识还不够浓厚,侵权的现象并不在少数,但是由于对于侵权事实的调查取证存在技术性困难,使得真正呈现出来的侵权数量并不多。实践中,相互尊重知识产

权,保护自身和他人的知识产权的法治氛围还没有形成。总是抱着"侵权也不被追究""相互侵权是个普遍现象""我追究了以后就没有人愿意和我合作"等心态,不注重自身权利的维护,也不尊重他人的权益,逐渐形成恶性循环。国防专利产权制度中的纠纷处理条款的使用率较低,没有完全发挥其制度功效,权威性大打折扣。

(三)制度条款表面落实执行,实则违背原意

静态的制度相对于纷繁复杂的社会现实而言具有自身的局限性。为了使制度与现实情况更加贴合,制度赋予了适用主体一定的自由裁量权。针对同一事项,根据不同的情况,分设不同的类别(档位)进行调整,适用主体根据客观情况选择类别(档位)适用制度,从而增强了静态制度的灵活性。然而,由于制度对于每一种情形并不全是定量的描述,更多的是定性的界定,这就容易引起自由裁量权的"过于自由"。经过这种自由裁量权的调整,表面上看符合制度规定,实质上则与制度本意相违背。这种自由裁量权的"自由"是以适用主体的个人利益为出发点,而不是以制度本意和内涵精神为根本指引。适用主体本身的法治意识和法治素养是引起这一现象的主要原因。

在制度运行的过程中,由于适用主体对制度本身的理解不准确、知识产权意识不牢固、法治氛围不浓厚以及主体之间利益斗争与妥协的合力都会导致制度目标的偏离与异化。这些因素都可以归结为非正式制度。非正式制度是引发国防专利产权制度动态风险的关键因素。

二、国防专利产权非正式制度与正式制度的变迁及相互关系

(一)非正式制度对正式制度效率的影响

非正式制度与正式制度之间存在复杂的对立统一的关系。非正式制度与正式制度一样都属于人类行为的约束方式,但与正式制度相比,非正式制度所约束的行为空间更广,更加普遍。同时,非正式制度是正式制度形成的基础。人类的许多正式制度都是在抽象、提炼、概括非正式制度的基础上建构起来的。非正式制度也是正式制度有效发挥作用的必要条件。

非正式制度对正式制度的影响是双重的,既有积极的推动作用,又

有消极的阻碍作用[148]。正式制度创新的成功与否不仅取决于创新主体在制度遗传的基础上是否遵循创新规律，还取决于制度环境（非正式制度）与创新后制度的匹配程度。如果正式制度与非正式制度匹配，目标一致，正式制度的功能就能够有效发挥；反之，如果非正式制度与正式制度不匹配，正式制度的功能不能得到完全的发挥，制度在运行时会因为两者的不匹配而产生效率扭曲。非正式制度影响着正式制度的产生、执行、监督以及变迁的全过程，不同利益主体为了达到自身的目标，会想方设法地选择对自己最有利的方法，对正式制度进行变通实施。非正式制度往往具有很强的路径依赖，在收益比较差别不大的情况下，利益主体总会选择遵从非正式制度安排，而非正式制度的变迁往往比正式制度变迁要慢。这就会给正式制度的运行带来风险，例如，当正式制度规范的行为方式和交互模式与非正式制度中的习惯习俗有偏差时，人们还是延循习惯传统，对制度的执行并非不折不扣，造成效率损失；当人们的思维意识尚未达到正式制度相匹配的要求时，人们自身对正式制度的理解就不够充分，对制度的执行可能会产生心理抵制，也会造成效率损失等。因此，非正式制度与正式制度的匹配程度是影响正式制度运行效率的关键。

（二）国防专利产权制度变迁主要属于强制性制度变迁

强制性制度变迁是国家在追求租金最大化和产出最大化目标下，通过行政权力和立法手段等外在的强制力引入的，国家是制度强制性的供给主体，程序是自上而下的过程。具有激进性质和存量革命的性质。国家的选择始终影响着国防专利产权制度变迁的形态和过程。作为公共权力的所有者，国家需要提供与国防这一公共物品相关的制度安排以确保国防安全和发展。国家制定国防专利产权制度的目的在于维护国防安全、促进国防专利技术的创造与运用、推动国防科技的发展。在计划经济时代，军工企业由国家掌控，国防专利并没有作为战略性资源加以利用，对国防专利作用的认知尚不充分。军工企业没有获得潜在收益的动机，也没有进行制度变迁的客观能力。因此，“初级行动团体”的角色只能由政府承担。同时，在国防科技领域也需要政府进行引导，原因在于：由于国防科技领域涉及国家安全，市场机制不能在该领域完全发挥作用，需要政府站在全局的高度，制定制度平衡国家、企业和个人多方主体的利益;加之由于市场经济的发展,军工企业的市场主体地位日益明确,它们对自身的利益诉求非常明确,并积极追求,原先与军队之间的固有的交互模式不能满足其利益的需要,在国防科技交易领域积存了大量的利益矛盾,也需要政府站在中立的一方对不同的利益集团的利益进行再分配。虽然军工企业亦或民营企业出于自身的利益考虑,逐渐开始正视国防专利的战略价值以及潜在的商业潜力,并积极寻求诱致性的制度变迁,但鉴于国防科技领域的特殊性以及市场机制的不完全,这个进程仍然是缓慢的和局部的,强制性的制度供给在国防专利产权制度发展中仍然占据主流和主导地位。

(三)非正式制度与正式制度在制度变迁中的逻辑联系

由于非正式制度不是经过理性安排,而是由长期的生活习惯和文化遗传积累形成的,靠主体自觉行为来维持,一旦形成将长期延续下去。相对于正式制度,非正式制度的变迁是渐进而缓慢的。图 5-1 所示为在强制性制度变迁中非正式制度与正式制度的发展轨迹以及逻辑联系。

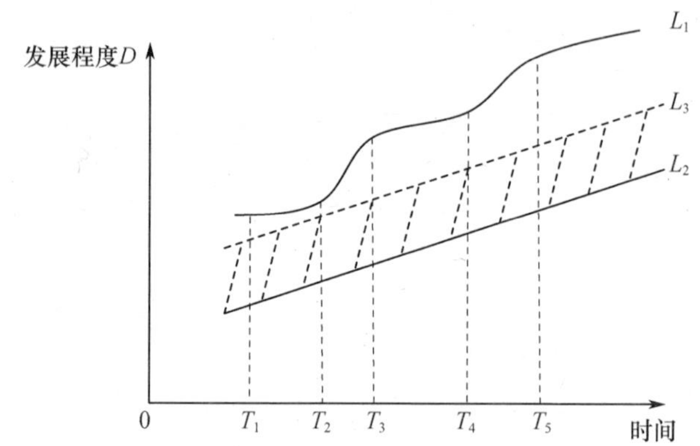

图 5-1 强制性制度变迁中非正式制度与正式制度的关系

图 5-1 中,横轴代表时间 T,纵轴代表制度的发展程度 D,L_1 代表正式制度的发展轨迹,L_2 代表非正式制度的发展轨迹。随着时间的推移,正式制度会根据客观环境的变化进行调整和发展。在图中表现为 L_1 随着时间的推移向上发展,发展程度越来越高。正式制度一旦被确立是以相对稳定的状态存在的,制度的主要内容不会发生太大的变化,

但不排除针对新情况、新问题而增设的制度规范。因此在未变革的相对稳定期内，正式制度表现为缓慢的增长。在图中，$T_1 \rightarrow T_2$、$T_3 \rightarrow T_4$ 属于正式制度的相对稳定期，曲线相对平缓。当制度调整的利益冲突表现的越来越突出以至于需要对正式制度进行全面调整时，制度便进入了改革调整期，此时需要对正式制度进行全面梳理，修改整合，以更好地适应新的环境，更加有效地调整利益关系。在调整改革期，正式制度的发展具有急剧性和变革性。在图中，$T_2 \rightarrow T_3$、$T_4 \rightarrow T_5$ 属于正式制度的调整改革期，曲线相对陡峭。随着时间的推移，非正式制度 L_2 也是向上发展的。在强制性制度变迁的作用方式下，制度由上而下变迁，民众对制度的认知、接受、理解进而认同并自觉执行是需要一定的时间的，这表现为非正式制度总是滞后于正式制度的发展。在正式制度的相对稳定期，通过正式制度的发布以及执行，民众对正式制度逐步了解和认识，并通过对制度的理解调整自身的行为，人们的思维模式、行为习惯、交互方式等非正式制度逐渐适应正式制度，与其匹配和趋同，这表现为在 $T_1 \rightarrow T_2$、$T_3 \rightarrow T_4$ 区间内，L_2 逐渐向 L_1 靠近。在正式制度的调整改革期，正式制度的内容发生了较大的变化，民众对于改革后的正式制度需要重新认识和接受。此时，正式制度的发展速度快于非正式制度，表现为在 $T_2 \rightarrow T_3$、$T_4 \rightarrow T_5$ 区间内，L_1 的斜率大于 L_2 的斜率，L_2 与 L_1 的差距越来越大。作者认为，图中 L_1 与 L_2 反映了在强制性制度变迁的模式下，正式制度与非正式制度的发展以及相互关系的一般规律。

通过上文分析，非正式制度与正式制度的吻合程度对非正式制度影响正式制度的效率有着至关重要的作用。因此，我们需要使图 5 - 1 中 L_2 更加贴近 L_1，才能提升正式制度的效率。假设通过一些努力，使非正式制度的发展达到 L_3 的水平，L_3 与 L_2 的曲线发展脉络和趋势是一致的，但是比 L_2 更加贴近 L_1。因此，L_3 与 L_2 之间的阴影部分就是通过努力非正式制度的提升程度，这直接影响到正式制度运行的动态效率。我们认为，图中非正式制度 L_3 与正式制度 L_1 较之 L_2 更加匹配。

因此，在国防专利产权制度的运行中，应当尽可能地加快非正式制度的发展速度，加快非正式制度与正式制度的匹配速度，这样才能减少制度的动态风险，提升正式制度的效率。

三、国防专利产权非正式制度的调整思路

为了提升国防专利产权正式制度的保险效率，需要对国防专利产权的非正式制度加以调整。按照上文对国防专利产权制度变迁类型以及非正式制度与正式制度的逻辑联系的分析，作者认为，需要首先认清国防专利产权制度的发展阶段，属于改革期或者平稳期，不同发展阶段对非正式制度的要求不同；其次要客观把握国防专利产权非正式制度的发展状况，这是进行调整的现实基础；再次基于前两个方面的分析，提出如何加快非正式制度与正式制度的匹配速度。

（一）认清国防专利产权制度的发展阶段

伴随着国家知识产权战略的实施，2009 年国家启动了国防知识产权战略，针对国防领域的知识产权问题和矛盾进行深入研究和破解，并提出了国防知识产权发展的战略目标：到 2020 年，建立完善的国防知识产权制度体系，在国防关键和核心技术领域拥有一批自主知识产权，国防知识产权管理、保护和运用能力显著提升，拥有一支规模适度、素质较高的知识产权人才队伍，基本满足国防和军队建设发展的需要，为增强国防科技实力和建设创新型国家提供强有力支撑。按照这一战略目标的指引，国防专利产权制度体系需要相应的调整与完善。

随着国内外环境的发展变化，国防专利产权制度也面临着新的机遇与挑战。从外部环境来看，知识经济与经济全球化促使知识产权规则的国际化趋势日益明显。在美国、俄罗斯等军事强国的影响下，越来越多的国家开始重视国防知识产权的发展。在国际军事技术竞争与合作中，国防知识产权也在扮演着重要的角色。从国内形势来看，我国正处于重要的战略发展机遇期，建设创新型国家已经成为国家重大的战略任务，国防和军队建设面临积极推进中国特色军事变革的挑战，转型升级已经成为国防科技工业发展的总体战略。根据环境形势的要求，国防专利产权制度也需要进行相应的改革与调整。

同时，就国防专利产权制度本身来看，制度建设相对滞后，法律法规体系不健全、不完善，特别是涉及国防知识产权权利归属和利益分配、激励机制、评价机制、实施运用等关键问题，缺乏相关政策支撑。再加上《专利法》在 2008 年进行了第三次修订，重新制定《国防专利条

例》,进一步完善国防专利制度体系势在必行。

目前,国防专利产权制度体系处于改革调整期。与相对平稳期不同,这个阶段的国防专利产权制度的变化更加广泛和深刻。具体表现为:第一,梳理与设计国防专利产权制度体系,从法律效力层次、法律门类以及基本内容等多个角度罗列所需制度规范;第二,作为该领域基本法的《国防专利条例》正在修订,一些重要内容需要调整变更;第三,需要在国家相关法律法规的基础上增加国防知识产权的重要规范,将国防知识产权纳入其调整对象;第四,需要制定国防知识产权领域的专门性法律,针对特定行业、特定领域或者特定问题制定相应的配套法规与规章。

(二)客观把握国防专利产权非正式制度的发展状况

根据上文对非正式制度的解释,作者认为,国防专利产权非正式制度是指国防专利产权主体在交易活动中逐渐形成的思维方式、行为习惯、惯例传统、交互模式、精神意识等对其行为产生非正式约束的规则。其中,对国防专利价值的认识以及运用意识是国防专利产权非正式制度的基础和关键。自从国防知识产权战略工作实施以来,无论是国防科技工业领域还是军队领域,亦或高等院校以及科研院所,对国防知识产权重要战略价值的认识逐步加深,对国防知识产权的申请、运营与保护意识也有所增强,应当说,国防专利产权非正式制度取得了明显的进步。然而,从客观上分析,与正式制度大刀阔斧的改革相比,非正式制度属于内在思维意识的层面,变化并不显而易见,与正式制度相比相对缓慢。

(1)对国防知识产权有一定认知,但对其战略性价值的认识不足。经过近几年对国防知识产权知识的宣传,无论是理论界还是实务界对国防知识产权都有了一定的认知,都意识到国防知识产权对于国防建设具有重要意义。实践中,也越来越重视国防知识产权工作。但是对国防知识产权的具体作用以及战略性价值仍认识不足。这就可能导致在实际工作中,并没有将国防知识产权当成一项重要工作来做,没有将国防知识产权问题纳入整体工作统筹考虑。

(2)对国防知识产权有保护意识,但保护意识比较薄弱。由于很多科研院所将知识产权申报情况纳入科研人员的年度考核、职称晋升的重要指标，申报国防知识产权也成为科研人员的一项重要工作，这种受考评牵引的被动型保护将知识产权保护工作仅仅限定在申请阶段。通过知识产权申请取得授权就结束了，并没有对知识产权进行跟踪保护，知识产权保护的自觉性、针对性和积极性不高，这就使知识产权的授权保护仅仅是为了考评而非真正的主动维权。

(3) 对国防知识产权有管理意识，但管理运营水平不高。军工企业能真正重视知识产权保护，在内部建立知识产权制度与机构，运用知识产权制度为自己的技术开发和企业发展服务的不多。军工企业的知识产权管理大多停留在保护层面，离将知识产权作为企业的核心竞争资源以及进行资本化运作还存在很大的差距。科研人员对知识产权基础知识缺乏，对知识产权申请、受理、转让流程等相关的法律法规掌握不牢。此外，目前军队科研单位中，只有极少数的研究所设有专门的知识产权管理部门，其余绝大多数研究所则将专利管理划归为科技处职能中很小的一部分，而且也只是停留在流程性、实务性、行政性的管理上。

(三) 加快国防专利产权非正式制度与正式制度匹配速度

综上所述，国防专利产权的正式制度处于调整改革期，正在或者将会发生很大的变化。而非正式制度若不加以引导，则变化缓慢。为了减小新的正式制度运行的动态风险，需要对非正式制度加以引导，加快非正式制度的发展，加快其与正式制度的匹配速度，这样才能更好地促进正式制度的稳定运行。

(1) 加强对制度新内容的宣传普及。对制度的认知是遵守的基础。作为新制定或者修订的法律规范，需要让利益相关者知晓，制度才能被执行。因此，在国防专利产权制度的调整改革期，应当首先对制度的新内容进行宣传普及，让利益主体对制度内容有清晰的认知，这是基础性工作。同时，对于制度新修订的内容与之前的内容存在冲突或者不一致的地方，应当深入讲解，答疑释疑，帮助受众理解制度背后的法理，培养受众内心对制度条文的认同感。

(2) 增进利益主体之间的研讨交流。国防科技工业管理部门、军队、各军工企业集团、高等院校、科研院所等可通过召开研讨会、经验交流会、培训会等多种方式交流国防专利工作中遇到的问题。不同的单位和部门在国防专利工作中存在不同的利益诉求，所接触的问题也有所不同。通过交流可以使每类单位都能够更加全面地了解国防专利工作的整体，也能够更加理解其他主体在交易过程中存在的困难。同时，通过交流也能够探讨国防专利创造、交易过程中存在的问题，为解决这些问题提供思路和措施。

（3）保障新的交易秩序的形成。新的制度设计了新的交易秩序，新的交易秩序除了需要通过宣传普及来增强主体执行的自觉性和积极性之外，通过约束手段引导主体的遵守也是极为重要的。对于那些具有整体效益而减损了个别主体利益的行为规范，单纯的宣传引导是不够的，还需要制定相应配套的规范加以约束，对于不遵守规定的主体行为加以惩戒。通过正反两面性引导，逐步使主体适应新的交易模式和行为，形成新的交易习惯，进而形成适合于新制度的交易氛围。

本章小结

本章主要研究国防专利产权制度的保险效率。以降低不确定性为保险目标，以减少制度风险为规避手段，分析了制度风险的五种表征，探寻了制度风险的三种来源，得出立法技术和非正式制度是影响制度保险效率的两个关键因素，并由此提出了规避制度风险的方法。对于静态制度风险，应当提高立法技术。通过对制度静态风险的归纳，反思了国防专利产权制度立法技术存在的问题，通过梳理国防专利产权制度立法流程及其各阶段配套的技术，提出了优化路径。对于动态制度风险，应当调整非正式制度。通过对制度动态风险的总结，抽象出国防专利产权非正式制度与正式制度的变迁特征以及相互关系，分析了国防专利产权制度的变迁类型以及变迁阶段，提出应当加快非正式制度与正式制度的匹配速度。

第六章　国防专利产权制度效率的提升路径

建立在前文分析的基础上，本章以国防专利产权制度的功能目标为牵引，以效率损失的具体原因为着眼点，以效率的影响因素为着力点，以功能的优化策略为方向，系统化地对国防专利产权制度进行改革与创新，提出总体构想与具体措施，从而最终实现国防专利产权制度整体的效率提升。

第一节　总 体 构 想

一、国防专利产权制度的价值追求

价值问题是一个困难的问题，即使是最粗糙、最草率的或最反复无常的调整或行为安排，在其背后也总会有对各种相互冲突的和相互重叠的利益进行评价的某种准则。我们生活在曲线的宇宙之中，这里没有任何直线、平面、直角、垂直线，但不能因此而放弃测量。直线、平面实际上不存在，但对实践有用，已接近真实，所以必须有它。法律的价值就是这样一种尺度、标准、平面、直线[149]。价值的研究是对意义的探寻，法的意义是什么，是真正的法或法律学者都必须在一定程度或层次上予以回答的问题[150]。

国防专利产权制度的价值追求是国防专利立法、执法和司法实践的精神底蕴，也是国防专利制度体系的内在核心。价值主要是指客体与主体的关系以及客体所具有的潜能①。法的价值一方面体现了作为

① 这里的客体是指各种物质的、精神的、制度的事物或客观存在物。这里的主体是指人和组织以及其他可以作为社会活动因素存在的事物。这里的关系是指客体与主体之间对应性的关联。这里的潜能是指客体可以满足主体需要的属性和性能。

主体的人与作为客体的法之间需要和满足的对应关系，即法律价值关系；另一方面体现了法所具有的、对主体有意义的、可以满足主体需要的功能和属性[151]。国防专利产权制度的价值追求是国防专利产权主体在运用国防专利产权制度进行实践过程中，源于制度本身内部并为产权主体主观需要的属性和功能。国防专利产权制度承载着不同产权主体不同的期盼和愿望，是诸多价值元素的统一体。每一种价值元素代表一种价值追求、价值取向。国防专利产权制度体系中比较突出的价值元素包括安全、创新、效率。

（一）安全

安全是主体对现有利益所存的能够持久、稳定、完整的心理期盼。法律在创立预防国内混乱的措施和预防外国人入侵的措施方面起着作用[152]。国防专利产权制度相对于普通专利制度而言更加注重安全价值。国防专利产权制度的价值最终由国防科技的需要决定，国防科技利益是产生国防专利产权价值追求的深刻根源，而国防科技利益中蕴含着国防科技安全。国防专利产权制度必须立足于国防科技建设，确保国防安全。安全价值在国防专利产权制度中主要体现在国家对具有重大战略意义的技术的掌控，对研制开发的技术管理和干预，对国防专利技术应用的引导与限制等。如果离开安全价值，国防专利产权制度的价值追求就不能得到准确阐释和科学评价。

（二）创新

不同的制度会有不同的价值追求，也会包含若干不同的价值元素。创新价值是国防专利产权制度所体现的最具其特色的主导性价值。国防专利是在国防领域为国防安全目的对技术进行创新的结果，它离不开相应的制度保障、规范和约束。国防专利产权制度就是直接保护国防专利创新活动的制度保障。创新价值是国防专利产权制度的价值灵魂，它体现在国防专利政策制定以及相应的立法活动之中。国防专利产权制度是以基于创新所产生的社会关系为主要调整对象，体现了尊重创新、保护创新的知识产权制度的基本主旨。只有创新行为得到真正的尊重和鼓励，国防科技领域的创新活力才能得到增强，国防安全才能进一步巩固。

（三）效率

国防专利产权制度更加侧重从经济的角度对国防专利及其以此为载体的活动进行管理与规范，也是从经济的角度探讨国防专利法律制度的基本精神，并以效益最大化为目标来推动法律制度的改革。诸多知识产权制度的建立与实施，都可以从效率原则中得到解释。国防专利产权制度的效率价值追求，在制度设计方面体现为合理与有效的权利配置，使各类产权主体在权利体系中达到一种均衡状态。均衡是效率目标对制度的基本要求，意在国防专利的保护和限制中寻求均衡，消除国防专利创造者、传播者、使用者以及国家之间的利益冲突，既保证了国防安全利益，又保证了创造者和使用者的合法权益，同时又能够使公众在一定期限后享有科技成果带来的利益。

二、国防专利产权制度的基本原则

国防专利产权制度的基本原则是贯穿于国防专利产权制度建设与运行全过程的根本性准则，是对各类具体的国防专利规则具有指导作用的本源性的价值倾向，是通过对国防专利产权制度性质、特征及其规律的全面分析提炼而形成的综合性理论概括，是协调统一国防专利产权制度内部关系的重要保障。作者认为，国防专利产权制度的基本原则包括国防优先原则、利益平衡原则、鼓励创新原则、促进应用原则。

（一）国防优先原则

国防专利产权制度是以维护国家安全，维护国防利益为本位。国防安全是国防专利产权制度首先要维护的利益，在其原则体系中处于优先的地位。国防优先原则是指在国防专利产权制度制定和实施过程中，从内容上要全面体现国家安全利益，从具体措施上要保证国防利益不受任何不法侵害的基本准则。当与其他原则适用产生冲突时，以国防安全优先。无论是国防专利技术研发，还是国防专利申请、审批、保护、实施、转移、转让等各类活动，亦或是国防专利产权权利归属与利益分配均应贯彻国防优先原则，以国防安全为优先考虑因素。

（二）利益平衡原则

利益平衡原则是指国防专利产权制度的制定和执行要从整个国家的安全与发展的需要出发来调整具体的国防专利产权利益关系，协调不同利益主体的行为，平衡其相互之间的经济利益关系，以促进、引导、干预或者强制实现国防利益目标与社会组织、个人经济利益目标的平衡统一。国防专利产权制度的利益包括国家利益、研发主体利益、创新团队利益、使用者利益以及公众利益。国防专利产权制度追求社会经济自由与国防专利秩序的统一、社会经济效益与国防安全效益的统一、国家调控与市场资源配置的统一。

（三）激励创新原则

激励创新原则是指基于强化科技创新目的，国防专利产权制度的制定和执行注重激发创新主体的创新积极性，为其创新活动提供良好的制度条件与保障，引导创新主体进行持续和高效的创新。国防专利产权制度是对国防专利创新主体的激励，主要包括研发主体和创新团队两类。激发创新主体的动机和内在动力，使其心理过程始终保持在激奋状态，鼓励其朝着所期望的目标采取行动的心理过程。主要通过对创新主体利益诉求的满足达到激发其创新积极性的目的。

（四）促进应用原则

促进应用原则是指基于促进国防专利成果转化应用为目的，国防专利产权制度的制定和执行注重将国防科技成果商品化，提升国防专利技术的使用效能。在保证国防利益的前提下，应最大限度地促进成果的应用与转化，提高投资效益，增强产业整体竞争力。促进应用原则要求，不仅应当促进国防专利技术在国防领域的实施应用，而且应当在保证国防利益前提下，加快国防专利技术在民用领域的应用。

第二节 主要措施

一、以高效利用为目标，促进产权流转，加快军民转化

（一）配置标的层面——提升国防专利成果质量，增加技术含量

（1）树立专利战略意识，重视国防专利质量。随着世界经济全球一体化进程的不断加快，发达国家利用专利战略不断在我国“跑马圈地”，抢先在我国申请注册专利，制约我国国防高技术的生存发展。国防专利产权主体应当树立专利战略意识，利用国防专利为手段，以打造

优良品质的国防专利成果为基础,将国防领域内的发明创造及时申请国防专利,并在需要解密时及时转化为普通专利,以打破国外对我国的专利封锁,增强国防领域工业企业的国际竞争力。同时,国防专利产权主体要充分认识到国防专利是国家重要的战略资源,也是国防战略高技术领域创新能力的重要标志,国防专利质量的好坏直接影响到公众对国防科技工业整体实力的评价。

(2) 建立质量评价体系,加强质量考评监督。国防专利的质量对于武器装备创新水平的提升具有非常重要的意义。只有建立合理的国防专利质量评价体系,才能对国防专利进行有效评价,也才能进一步督促国防专利产权主体提升国防专利质量。由于国防专利具有鲜明的国防特色,与普通专利的质量评价相比具有差异性。应当在评价普通专利的技术性特征、法律性特征以及效益性特征三个方面都融入国防特性。其中,技术性特征是指国防专利的创新程度,通过创造性贡献率、重要程度和可替代率进行衡量;法律性特征是评价国防专利质量的基础特征,通过有效性、保护范围和稳定性进行衡量;效益性特征是指在国防科技工业和装备建设过程中形成的国防创新成果进行实施转化应用取得的效益,通过经济效益、社会效益和军事效益进行衡量[153]。

(3) 设立专门维护经费,支持优质技术成果。国家应加强对国防专利产权主体专利工作的分类指导,解决其在维持国防专利时面临的经费困难问题。建议在科研项目管理经费中设立专门经费,对国防专利申请和维持费用给予适当补助,支持产权主体能够及时将优质的、核心的技术申请国防专利,提高国防专利的整体质量。

(二) 交易主体层面——健全产权流转保障机制,增加交易信心

(1) 改革考评机制,重新定位考核导向。首先,将国防专利实施、转化、应用情况纳入考评体系,与国防专利申请量一并作为知识产权方面的考评内容,激励国防专利产权主体将所掌握的国防专利予以转化和应用;其次,改革科研成果鉴定评价体系,在对国防科研成果进行鉴定的过程中,将成果实施应用潜力、成果转化前景和预期可能取得的经济效益作为鉴定等级的考量因素,推动国防专利产权主体在申请成果鉴定时就需提前考虑成果应用和转化问题;再次,将国防专利转化和应用情况纳入科技人员考评指标体系,国防专利转化应用情况应当与国防专利拥有量一同作为科技人员成长进步、评优创先的考评指标，从而督促科技人员更加重视成果的转化应用情况。

（2）增加激励机制，加大主体实施动力。一方面，坚持国防专利的有偿实施。实施他人国防专利的，应当向国防专利权人支付国防专利使用费。国防专利使用费支出的主要目的在于对职务发明人的奖励。而长期以来，国防系统存在对国防专利的无偿实施情况，表面上节省了费用，但长期来看却削弱了发明人的积极性。另一方面，明确当国防专利技术实施、许可、转让、转化时提取给职务发明人的收益比例。这样国防专利的职务发明人获益于法有据，具有可操作性。同时，国防专利产权单位也应当依据《专利法》《国防专利条例》规定的比例范围自行制定更加详细的执行标准，真正将奖励落到实处。

（3）重塑解密机制，降低主体解密风险。首先，建立自动解密机制。当国防专利申请后经过法定的一段时间后，如果产权主体没有申请延长保密期或者国家没有介入解密的情况下，国防专利可以自行解密。自行解密制度能够节省交易成本，减少产权主体的后顾之忧。其次，细化解密条件。分析解密的影响因素，认真考察技术的安全度、解密前后的成本收益、国防的需求度等因素，并确定这些因素的权重比例。再次，明确解密的主体。如果采用自动解密机制，解密的主体只包括国防知识产权管理部门，而不包括国防专利产权主体[①]。最后，规范解密的程序。针对不同密级的国防专利设置不同的解密程序。对于秘密级的国防专利，需要经过审查机关的符合性审查，通过将现实情况与规定条件进行比对，确定是否解密；对于机密级和绝密级的国防专利不仅需要符合性审查，还需要组织相关专家进行实质审核。

（4）设立审查机制，避免主体重复研发。首先，将对国防专利信息的审查纳入立项评审内容。在技术申请立项时需要对申报单位的技术信息进行审查，审查技术的必要性和可行性，技术是否为项目所需以及

---

① 现行的《国防专利条例》规定解密有两种方法：第一种是依申请的解密，符合解密的条件的国防专利的产权主体向审查机关申请，申请通过即行解密；第二种是依职权的解密，审查机关可以主动对某一个国防专利启动解密审查程序。如果设立自行解密制度，国防专利产权主体在保密期届满之前不申请延长，就自动解密，不需要对解密另行申请。

技术的创新程度等。其次,严格审查技术的创新程度。目前,在审查技术的新颖性时是由项目申请单位自行提供论证报告,申请者为了拿到项目,尽可能将技术论证的"独一无二",这种由申请者自行论证的方式不可取。应当将拟研发的技术信息提交给国防专利主管部门,由其对技术进行审查,提供相应的技术查重报告,作为技术创新程度的证明材料。再次,建立国防专利管理部门与科研经费管理部门之间的沟通机制。科研经费管理部门是否拨款以及拨款的数量直接与国防专利管理部门提供的技术查重报告相联系,对于缺乏创新性的研发项目,不予立项,不给拨款,从而避免重复研发。

(三)政府扶持层面——完善产权流转配套管理,加大扶持力度

(1)建立健全管理体系,落实产权管理职能。一方面,设立国防专利流转的管理部门。在国防科技工业局和工信部军民结合推进司两个机构的基础上,成立专门的国防知识产权流转管理部门,负责国防知识产权流转的整体规划、信息搜集、转化应用等工作。另一方面,设立配套的产权管理机构。建立国防专利的成本核算、价值评估、侵权保护、纠纷处理等一系列配套机构,丰富其管理职能体系。

(2)积极提升管理能力,提高专利运营水平。首先,建立国防专利全过程管理体系。将国防专利管理贯穿于国防专利的获取、维护、运用、保护以及失效的整个生命过程,在国防科工局、国防科工集团、国防科研院所、国防工业企业各个层次建立国防专利研发、实施、转化等管理机构,配备专职工作人员,着眼于国防专利主体整体的发展规划,进行专利战略布局。其次,加强国防专利管理的制度建设。细化本单位国防专利流转的制度规范,对于国防专利实施、转化、引进、应用等流转形式进行细致规范,使得国防专利流转工作有章可循。再次,提升国防专利产权主体经营管理能力。国防专利产权主体以市场化模式经营专利技术,通过了解掌握技术动向、专利情况、法律状态等信息,进行国内外相关专利动态的分析和研究,尽量准确地把握市场动态,最终确定对专利的使用、许可、转让、合作、战略联盟等一种或多种经营方式,以获得最大效益。

(3)加大资金支持力度,增强转化经费保障。一方面,设立专项资金,支持国防专利技术在民用领域的二次开发。在国防专利产权向民用领域转化过程中,大部分技术成果需要进一步再加工,才能实现与民用领域的紧密贴合。政府需要对技术转化工作进行专项支持,以弥补企业在转化过程中的资金不足。另一方面,综合运用投资、财税、金融政策,探索以政府财政资金为引导,政策性金融、商业性金融资金投入为主的方式,采取积极措施,完善投资机制,研究制定从事转化工作的企事业单位的税收优惠政策,引导金融机构对国防专利技术转化、重大军民融合产业化等项目提供融资支持。

(四)交易环境层面——完备产权流转服务体系,培育市场环境

(1)搭建信息平台,加强信息交流。首先,构建国防专利交易各类数据库。包括国防专利信息数据库、国防专利管理数据库、开发检索分析系统、民用企业技术需求数据库等,根据不同的保密等级分类整理、发布需求信息,分析、筛选供应信息,打造信息共享平台。其次,建立促成国防专利交易的中介服务机构。借鉴美国做法,引导建设中介服务机构。搜集民用领域企业的技术需求信息,并将国防专利技术信息传递给地方的相关企业组织,那些不能从共享的数据库平台查询信息的企业可以通过中介组织搜集信息。再次,拓展国防专利交易主体之间的交流平台。定期组织国防专利展示会、推介会,利用网络、电视、报纸等媒体加大对国防专利的宣传力度,促进交易主体之间的洽谈合作。

(2)创新价值评估,促进技术转移。国防专利的评估与定价是展开交易的基础。一方面,研究制定国防专利价值评估办法。国防专利具有保密性和军事性,在对其进行价值评估时应当考虑其特殊属性。影响国防专利价值评估的因素很多,包括法律、经济、技术、军事、风险、社会等多个方面,不同类别的国防专利,各类影响因素所占权重也有区别。另一方面,研究制定国防专利交易定价办法。国防专利的价值评估是国防专利交易定价的前提和基础。在不同的交易形式(许可、转让、补偿等)下,对国防专利的定价的考虑因素不同,最终形成的交易价格也不同。

(3)设置转化评估,遴选转化对象。一方面,将转化评估作为国防专利转为民用的重要条件。国防专利解密后并不意味着马上可以转化为民用,还需要对解密后的专利进行转化评估,只有经过评估合格的专利才能转化为民用。另一方面,充分评估国防专利的转化条件。将国防专利进行民用转化需要考虑该专利的技术水平、技术成熟度、竞争力、更新速度等技术发展情况，还需要全面了解适用范围、市场需求、市场前景、相关产业发展、同类产品竞争等市场情况。

二、以激励创新为牵引，优化产权结构，平衡各方利益

（一）激励研发主体——最大化让与产权，建立蕴含激励的产权结构

（1）优化产权结构的基础——解析主体利益需求和产权内部权利。国防专利产权结构是国防专利的产权主体之间分享基于创新行为产生的国防专利产权的具体方式。不同的分享方式形成了不同的国防专利产权结构。国防专利产权优化是通过推动各个贡献主体之间分享国防专利产权具体方式的合理化，最终达到国防专利产权在贡献主体之间的合理配置。因此，第一，要解析各个贡献主体的利益需求，以便"投其所好"。国防专利产权是由投资主体的投资（财力投资、物力投资、管理投资）和研发主体的智力贡献共同形成的，投资主体和研发主体是国防专利产权的主要贡献力量。每一类具体的主体基于自身的性质和贡献有不同的利益需求。国家作为投资主体更愿意获得安全利益回报，其他的投资主体更关注经济收益回报。研发主体更加关注自身通过研发获得的物质回报。第二，要解析国防专利产权的内部权利构成，以便弄清待分配权利。如前所述，国防专利产权可以分为国防专利归属权、国防专利使用权、国防专利收益权和国防专利处分权。优化国防专利产权结构就是国防专利产权的四种内部权利在各个产权主体之间的合理配置。

（2）优化产权结构的前提——维护国家安全利益。国防专利与普通专利最根本的区别在于"国防性"，这就意味着国防专利产权需要在维护国家安全利益的框架下运行，在满足国家安全利益的基础上进行激励创新和平衡利益。维护国家安全利益应当成为贯穿于国防专利产权结构优化全过程的"红线"。基于维护国家安全利益的考虑，国家对于国防专利产权的运用和行使具有一些"国防限制权"，包括：国防专利的拥有者需要定期向主管部门汇报国防专利的实施运用情况，接受主管部门的监督；国防专利不得许可给外国组织和个人使用，当被许可

给其他主体使用时，需要经过主管部门的批准；基于国防目的，主管部门可以指定某些部门实施使用国防专利；研发主体拟放弃国防专利申请权或国防专利权时，应当及时告知主管部门，并协助保护国防安全利益等。

（3）优化产权结构的关键——产权激励。产权激励是一种对研发主体的高效激励制度。产权激励是以激励为牵引，对基于原始资本贡献形成的产权结构进行修正，将产权最大化地让与研发主体，以增强研发主体的创新动力，将研发主体的创新行为引导到能够提升创新效率的轨道上。在国防专利归属权方面，只要通过必要的国防限制就能保证国防专利产权的安全行使，那么就可以将国防专利产权归属于研发主体。当国防专利产权归属于研发主体确实有碍于国家安全利益的实现时，国防专利产权才归属于国家。国防专利的使用权和处分权是建立在归属权的基础上的，归属权主体同样享有初始的使用权和处分权。国防专利产权的收益权可以全部让与研发主体而不管国防专利归属于谁。

（4）优化产权结构的方式——约定优先。国防专利产权结构最终是由合同来具体呈现的。国家在制定国防专利产权归属的相关法律规范时，应当一方面制定国防专利产权归属的规则，另一方面规定“有约定从约定”，奉行约定优先原则。合同是双方当事人意思表示一致的结果，只要不违反维护国家安全利益的“红线”，合同双方是可以自由约定的，约定的内容可以对法定的规则进行一定程度的突破。合同双方在约定国防专利产权结构时，不仅要约定国防专利产权生成时的结构，即国防专利产权的原始产权主体及其权利范围，而且要约定国防专利产权流转时的结构，即国防专利产权的继受主体以及权利范围，同时还要约定合同当事人的违约条款。

（二）激励创新团队——切实保障权益，增强内在的创新动力

（1）赋予明确规范的实体权利。首先，明确创新团队的权利种类。具体包括署名权、申请专利权、奖励报酬权、优先受让权以及成果转化权。通过制度明确界定各个类型权利的含义以及实施方式。其次，允许通过协议的方式将国防专利申请权转移给创新团队。这既给研发主体提供了选择空间（转移或者不转移），同时也扩展了创新团队的权利范围。再次,赋予创新团队在特定情形下的成果转化权。当研发主体怠于实施国防专利或者以某些方式规避实施时,创新团队可以主动实施国防专利,而不需要再与研发主体商议。最后,扩展优先受让权的适用范围。创新团队既可以在技术转让时享有优先受让权,也可以在技术许可时享有优先受让权。

(2) 重点突出奖励报酬权。奖励报酬权是激励创新团队的核心权利内容,制度对其的规范和落实情况直接影响到创新团队的创新积极性。首先,应当明确给予创新团队以奖励报酬是研发主体的强制性义务。研发主体成功取得国防专利权时必须对创新团队予以奖励,基于对国防专利实施、转化、许可、转让的行为而取得的收益,研发主体必须给予创新团队相应的报酬。同时奖励和报酬必须按照现行制度的规定进行发放,不得低于最低发放标准。否则,应当承担相应的法律责任。其次,应当丰富奖励和报酬的方式。奖励的方式可以包括物质奖励、精神奖励,还可以包括事业型奖励。将国防专利的研发、运用、转化情况直接与创新团队成员的个人晋升和科研业绩挂钩,将其作为业绩评价的重要指标。报酬的形式可以是从收益中提取一定的比例,也可以将收益折算为股份或者出资比例进行分享收益等。再次,应当细化计算报酬标准的考虑因素。可以将下列因素纳入考虑范围,如创新团队在形成国防专利过程中的努力和技能、创新团队已经从该专利实施中取得的利益、研发主体为创新团队的研发提供的基础和贡献等。最后,应当强化创新团队自身在确定报酬中的作用。由于实施专利的营业利润、报酬的提成系数以及当一件技术产品包含多种专利时各个单项专利对整体利润的贡献率等因素难以精确化计量,从而导致测算创新团队的报酬时很难达到完全的客观与唯一,因此,通过研发主体单方考虑决定报酬的数量难免有失公允。应当契约优先,强化创新团队与研发主体就报酬约定程序。当两者通过约定达成一致时,以约定的数额或者比例适用。

(3) 完善创新团队对研发主体的制约机制。由于创新团队是研发主体内部的组成部分,与研发主体之间存在天然的隶属关系,这造成了创新团队在获取权利时的“被动和依附”状态。为了达到实质意义上的公平,国防专利产权制度需要在形式上对创新团队这一“弱势群体”

进行倾斜，建立和完善创新团队对研发主体的制约机制。首先，赋予创新团队对国防专利实施、许可和转让情况的知情权。研发主体定期应当将国防专利的实施运用情况在内部网站或者以情况通报等形式对创新团队予以公布，实施运用的情况包括国防专利的实施情况、许可使用费情况、转让费情况以及通过实施运用所获取的经济利润情况等，以便创新团队能够及时掌握国防专利实施运用的相关情况，为合理地约定报酬增加信息储备。其次，增加研发主体必要的说明义务。创新团队的报酬是与国防专利的实施运用情况相挂钩的，如果研发主体从自身利益出发规避实施专利行为从而损害了创新团队的合法利益时，创新团队无力请求权利救济。因此，当研发主体做出的决定损害或者有可能损害创新团队的利益时，应当就此进行必要的说明。

三、以约束惩戒为保障，防止权利滥用，合理规范责任

（一）约束权利行为，维护国家安全与社会公益

（1）化解利益冲突——权利约束的起点与归宿。化解利益冲突是权利约束的逻辑起点，也是其最终的落脚点。国防专利产权中蕴含了众多利益，主要包括国防专利产权主体的私人利益、社会公众的公共利益以及国家安全利益。三种利益由于主体和指向不同，相互之间存在冲突。国防专利产权主体基于对自身利益最大化的追求可能会滥用私权，这就导致国防专利产权主体的私人利益与国家利益和社会公共利益冲突的激化。对权利的约束与限制就是为了缓和和化解私人利益与国家利益、公共利益之间的冲突和矛盾，使各个利益主体之间的关系更加和谐。基于维护国家安全的需要，国防专利产权主体对国防专利的使用、许可、转让需要在国家安全限制的范围内行使，遵循国家安全法则，例如在权利行使时不能泄露国家秘密，需要在国家允许的范围内进行许可和转让，许可和转让之前需要经过有权机关的审查和批准，对于国防专利的使用情况要定期向特定机关进行汇报等。基于维护社会公益的需要，国防专利产权主体需要将自己对国防专利的垄断权适度压缩，将权利适时让与社会公众，真正达到知识共享，技术共用，最大化发挥国防专利的市场价值，例如对于无正当理由不实施专利的可以强制许可，对于可以解密而没有解密的国防专利可以强制解密，转为民

用等。

（2）引入政府介入权——权利约束的内容完善。引入政府介入权是对目前国防专利权利约束体系的重要内容补充。这里的政府介入权是基于法律规定或者协议约定，在特定条件下，政府为了促进技术转移或者维护国家安全、公共利益，对国防专利进行干预和限制的权力。国防专利产权制度应从实体和程序两方面对政府介入权进行规范。从实体方面来看，政府介入权的行使条件包括：①权利人无正当理由在一定期限内未实际应用；②权利人无正当理由在国防专利满足解密转化条件时未及时解密转化；③基于满足国家安全利益的需要；④违反“本国产业优先”原则。政府介入权的行使主体为资助机关。行使方式包括：①许可第三人使用；②依职权启动解密程序；③随时就与国防利益相关的问题进行质询，听取汇报；④许可给在本国境内进行生产和制造的第三人使用和实施。从程序方面来看，行使介入权的机关应当事先告知，告知的内容包括介入的条件满足情况以及介入的方式，国防专利权利人此时有充分的陈述和申辩的权利和时间，介入机关也可以根据情况召开听证会，听取各方面利益相关者的意见，在确定介入后，权利人可以申请延期介入，或者若对其介入不服的，可以通过司法途径进行救济。

（3）构建责任体系——权利约束的末端落实。对突破权利界限的行为科以明确责任，是落实权利约束的末端环节。国防专利产权制度体系对突破权利限制的行为缺乏直接的责任承担，缺乏威慑性。作者认为，可以构建以《国防专利条例》为基础，以《专利法》《反垄断法》《民法通则》等相关法律为组成，《刑法》为补充的融合行政责任、民事责任以及刑事责任在内的多元化的责任体系。首先，对于违反国防专利权利限制的行为，《国防专利条例》应当给予违法单位和相关责任人员予以行政责任。采取责令其限期改正，暂停或取消准入资格，暂停或取消对安全保密资质的认证等行政处罚。这是对权利违法行使最直接的惩罚，也是目前制度中所缺失的。其次，对于国防专利中符合普通专利权利滥用的情形，可以通过现行相关法律进行处理。《专利法》《反垄断法》以及《民法通则》等法律都存在权利滥用行为的法律责任，对于不同的权利滥用行为有不同的法律责任，有的承担行政责任，有的承担民事责任,或者两者同时承担。再次,对于滥用权利的严重行为可以运用《刑法》中的刑事责任进行处理。例如,对于在国防专利权利行使过程中泄露国家秘密的,《刑法》中有故意(过失)泄露国家秘密罪。同时,《刑法》中专门有针对危害国家安全的犯罪行为的界定以及处罚,国防专利权利人滥用权利行为如果符合《刑法》的相关规定,纳入刑法的调整范围。与责任条款相配套,需要在国防专利主管部门内部增设相应的职能,专门负责认定国防专利权滥用行为,为责任的承担奠定基础。

(二)约束义务行为,科学设置专利侵权责任

(1)增加信息的透明度,使侵权行为显性化。增加国防专利领域信息的透明度,使与国防专利研发相关的各个主体能够方便快捷地掌握国防专利技术信息,知己知彼。一方面让技术使用者知道自己使用的技术是否是已经存在的专利技术,行为是否构成侵权;另一方面让技术拥有者知道自己掌握的技术是否被他人违法使用,自己是否被侵权。将目前隐藏的侵权行为显性化。首先,建立国防专利数据查询平台。通过国防专利数据查询平台,国防专利领域的单位可以查询国防专利的类别、技术指标、适用范围等详细信息,还可以将要查询的技术信息与已有的国防专利信息进行比对分析,判断是否构成侵权。其次,加强《国防专利内部通报》的普及。《国防专利内部通报》作为一种即时更新的信息资料,应当在国防专利领域内普遍发放,只要具备保密安全资质的单位都可以获得《国防专利内部通报》,这便于各个单位了解国防专利的即时信息和更新情况。再次,建立专利权人与侵权人之间的事先沟通机制。对于专利权人事先知道而侵权人却不知道侵权的情况,专利权人可以与侵权人事先沟通,让其知晓侵权的情况,如果侵权人执意坚持自己的侵权行为,专利权人可以启动司法维权。

(2)降低维权成本,鼓励专利权人维权。国防专利侵权行为发生后,专利权人明知自己的权利被侵犯但并不采取维权行动,原因在于维权成本过高,即使胜诉也得不偿失。因此,要使侵权行为得到惩罚,就需要专利权人将侵权行为纳入司法管制视野,为了鼓励专利权人的维权行动,降低维权成本是一个重要路径。一方面,确立无过错责任原则,合理分配举证责任。判断行为是否构成国防专利侵权,不需要对侵权人的主观心态做出判定,只需要看行为客观上是否符合侵权行为的特征,以及侵权行为与专利权人损失之间的因果关系即可。适当加大侵权人的举证责任,侵权人要举证证明自己的行为未侵权,证明不了的便认为是侵权行为。另一方面,提高司法效率,建立高效的审判模式。将涉及知识产权的案件交由专门设立的知识产权法院统一受理与审理,知识产权法院受理所有知识产权民事、刑事和行政案件,构建"三审合一"的审判模式,便于案件评判尺度的统一。采取同一审理过程审判一个知识产权的综合案件,能够有效节约诉讼成本,提高审判效率。对于国防专利侵权案件,做到及时受理,及时调查,按期审结,督促执行,尽量缩短维权时间。

(3) 加大惩罚力度,充分发挥威慑功能。对侵权人给予严厉的惩罚,充分发挥惩罚的威慑效应,以减少和防止侵权行为的再次发生。首先,提升法定赔偿额度的上限。虽然大多数专利权人在提出赔偿诉求时都是以其实际损失或者侵权者的实际获益为计算依据,但是由于举证困难,法院往往采取依据法定赔偿标准判赔,而依据这种标准判赔时权利人往往得不偿失。统计表明,在我国专利侵权案件中,法院判决赔偿的平均数额为 15.9 万元,只占权利人诉求额的 1/3[154]。应当提升法定赔偿最高额的上限,增加法定赔偿的判赔额。其次,引入惩罚性赔偿。我国对于专利侵权行为一般采取"填平式赔偿",无论主观心态如何,对于判赔额的影响不大。而惩罚性赔偿体现错罚相当,当恶意侵权,侵权行为极为恶劣时,应当引入惩罚性赔偿,使侵权人在进行全面赔偿后还必须支付惩罚金。再次,加大执行力度。执行难也是惩罚缺乏威慑力的表现之一。执行必须及时、迅速,非依法定事由不得停止。对于干扰执行或者不配合执行活动的当事人,依法采取拘留、罚款等强制措施,保证执行的顺利进行。构建有效的执行协助体系,在法院的统一协调下,涉及有关案件处理的机关,如金融、行政、司法等机关之间必须积极响应,协调合作。

四、以风险规避为手段,完善制度体系,保持稳定运行

(一) 提升立法技术,减少制度静态风险

(1) 填补制度真空,完备制度规范。一方面,梳理矛盾问题,掌握

立法需求。做好前期调研,选择与国防专利相关的单位及其人员进行调研,充分倾听被调研人员对国防专利产权制度的意见与建议。通过召开座谈会、发放问卷调查、谈话交流意见等多种方式听取利益主体对立法的呼声与愿望。梳理国防专利产权制度在实践运行中的突出矛盾与问题,掌握各相关主体对国防专利产权制度的利益诉求。另一方面,做好立法规划,安排立法顺序。全面梳理国防专利产权制度体系,将现实存在的矛盾问题与之进行比对,查找制度真空领域。将涉及主体重大利益和突出矛盾问题的事项,且立法条件比较成熟,立法思路基本可行的项目,及时列入立法规划。分析各个立法项目的需求程度,按照轻重缓急的顺序将立法项目排序,重要和急切的项目先行立法。

(2) 搞好系统协调,减少制度冲突。系统协调的内容包括搞好国防专利产权制度内部之间的协调和搞好国防专利产权制度与外部制度的协调两个方面。国防专利产权制度内部的协调主要是军事立法与普通立法之间的衔接以及制度内部规定的和谐。国防专利产权制度与外部制度的协调主要是其与外部其他制度的衔接与和谐。要搞好系统协调,首先,进行宏观立法设计。拟制一项制度时,应当充分考虑该项制度与国防专利产权制度体系的关系以及与外部制度的关系,进行科学制度定位。其次,增加不同立法主体之间的交流沟通机制。让立法主体对军事性国防专利产权制度的内容有所知晓。如果属于不涉密的制度,可以将其直接备份给立法主体;如果属于涉密的制度,可以摘要备份给立法主体。这样便于立法主体全面掌握军事性国防专利产权制度的立法情况。再次,定期清理冲突性的制度规定。对于在实践中存在冲突矛盾的制度规定应当定期清理,理顺各个制度之间的相互关系。

(3) 注重立法表述,明晰制度规范。一方面,规范立法语言,减少争议性和晦涩性语言的使用。立法语言要求用语准确、逻辑严密、文句简洁、风格典雅。用语准确是立法语言的生命力体现,也是执法和司法的需要。如果立法语言含混有歧义,那么必然会给制度的执行带来障碍。立法语言的准确性要求使用内涵精确的法律术语,注意同义词语或近义词语的选择与规范。在立法表述中,尽量用通俗性语言表述规定内容,尽可能使用法学概念性术语,并对其进行界定。在表述法律原则与规范时,应当简洁而扼要,注意处理好法律原则与具体法律规范之间的关系。另一方面,及时进行解释,对实践中适用不清的条款予以明确。制度解释是连接制度制定与制度运用之间的重要纽带。对于制度的解释能够弥补制度本身的局限性,使制度成为具体行为的规范标准;也只有通过解释,才能使制度适应不断变化的社会现实需要;解释还能够使某些专门的术语、名词便于理解。

(4) 加强科学论证,提高制度质量。首先,探索建立立法辩论机制。针对涉及国防专利产权主体利益的重要事项和焦点问题,将调研、讨论与辩论结合起来,减少立法决策的失误,使得立法内容更加符合事物的发展规律,更加符合国防专利产权主体的利益,更加合乎逻辑。其次,注重发挥专家学者在立法中的作用。在立法中征求专家学者的建议与意见,从理论上深入分析立法依据,以便对立法提供坚实的理论支撑。再次,建立立法听证机制。对于国防专利产权领域利益主体有争议的重要事项,进行立法听证。制定立法听证规范性文件,明确听证的条件、范围和程序等,使听证程序常态化。最后,提高立法者的职业素养。优化立法机关的组成,增加立法者中法律专家学者和法律实践工作者的数量比例。对立法者进行立法技术的职业培训,提高其运用法学理论知识和立法技术制定法律规范的能力。

(二) 调整非正式制度,降低制度动态风险

(1) 加强制度宣传,加深对国防专利制度的理解。知法是守法的基础,只有对制度有明确认知,才可能很好地执行制度。因此,最基础的工作就是使国防专利制度的各个利益主体能够知晓制度和理解制度。一方面,对新颁布的法律制度进行专门宣讲普及。通过印发法律读本、开设主题网页、开展专题讲座等多种形式宣传新的制度以及制度的新内容。使受众对调整改革后的制度内容有清晰的认知。同时,对新修改的与原有规范不一致甚至冲突之处应当着重说明,阐释法理,帮助受众理解。另一方面,加强对知识产权基础知识的培训。制定系统的培训计划,针对领导人员、管理人员、科研人员和普通员工等不同对象进行分类分层次的知识产权理论和操作等方面的培训,使其熟悉各自在知识产权工作方面的职责和技能,并将其纳入考核以提高其学习的积极性。

(2) 增强战略意识,提高保护国防专利的自觉性。只有真正认识

到国防专利的战略地位和重要作用,才可能积极主动地保护它,才能够将其纳入整体工作的考虑范畴。国防专利是国家战略高技术领域创新能力的重要标志,是国家战略威慑能力的重要体现,是国家战略资源的组成部分,是军事技术合作的必要前提。从世界范围内看,对国防专利创造、管理、保护和运用能力已经成为国家综合实力的重要体现和国家安全的重要保障。因此,应当努力提高国防专利的战略意识和保护意识。首先,领导层要深刻理解国防知识产权战略规划的深远意义,认识到国防专利对国家、对企业发展的重要性,从宏观上制定国防专利管理与保护的战略。其次,管理层要提高对国防知识产权管理工作重要性的认识。组建专门的知识产权管理团队,有计划、有步骤地指导、支持、促进国防专利的申报、维护和管理工作,确定技术创新目标、及时发现国防专利形成过程和成果维护中需要重点控制和管理的问题,提出解决方案并督促执行,加强国防专利管理的薄弱环节。再次,技术人员要充分发挥自身的主导作用。积极配合管理,认真做好研发和知识产权维护工作。

(3) 增进研讨交流,促进利益各方达成共识。增进各个行业领域之间及其内部广泛深入的研讨交流,有利于全方位多视角地了解国防专利管理工作,以便更好地开展本职工作,形成交易成本最小的交易模式。首先,国防科技工业集团内部开展知识产权管理情况的经验交流,介绍各自企业的知识产权管理制度,知识产权管理工作的开展情况,典型的知识产权管理案例等,在交流中可以彼此借鉴学习,提升国防科技工业集团整体的知识产权管理水平。其次,理论研究部门与实践操作部门加强交流合作,理论研究部门将国内外先进的经验和理论研究成果引入实践部门,在实践中加以检验;实践部门将知识产权管理工作中遇到的问题与困惑反馈给理论研究部门,作为理论研究的突破口,为制度的修订提供原始素材。再次,国防科技工业管理部门、军队、各军工企业集团、高等院校、科研院所等通过召开研讨会、经验交流会、培训会等多种方式交流国防专利工作中遇到的问题。在研讨交流中,各个主体可以从自身的角度提出问题,说明诉求,使每类单位都能够更加全面地了解国防专利工作的整体,也能够更加理解其他主体在交易过程中存在的困难,从而为解决合作交易中产生的矛盾和问题提供思路与措施。

(4) 增加制度引导,营造知识产权法治氛围。知识产权的法治氛围是国防专利产权制度运行的外部环境,也是其重要保障。知识产权法治氛围的营造,不仅靠大量的宣传教育深入人心,必要时也要靠制度约束引导人们的选择。理性人基于利益最大化的考虑,总会选择对自己最有利的行为,而对自己最有利的行为并非一定是从整体上看最优的行为,于是对人们行为选择需要加以制度的引导。通过制定配套的规范对人们的行为加以约束,对不遵守规定的主体行为加以惩戒。对最初的最优行为加以修正,引导人们选择从整体来看是最优的行为。通过正反两面性的引导,主体逐步适应新的交易模式和行为,形成新的交易习惯,进而形成适合于新制度的交易氛围。

本章小结

本章作为全书的对策建议部分,全面系统地提出了国防专利产权制度效率的提升路径。通过价值追求与基本原则对国防专利产权制度进行了总体构想,建立以安全、创新、效率为核心价值追求,以国防优先、利益平衡、激励创新和促进应用为基本原则的国防专利产权制度。通过高效利用、激励创新、约束惩戒、风险规避四个方面提出了具体的改革措施与建议。

参 考 文 献

[1] 李惠工. 国防知识产权的特殊性[J]. 中国资产评估,2008(1):39.
[2] 黄天明,闻晓歌. 国防知识产权战略设计研究[J]. 军事经济研究,2007(11):42.
[3] 王汴文,郑绍钰,李子冉. 国防知识产权生成模式研究[J]. 装备学院学报,2012(12):45.
[4] 国家国防科技工业局科技与质量司. 国防知识产权专项任务列入《国家知识产权战略纲要》[J]. 国防科技工业,2008(7):48.
[5] 王九云,缪蕾,白莽. 我国国防知识产权的十大特点[J]. 中国科技论坛,2007(8):84-88.
[6] 庞博文,白海威. 对我国国防知识产权保护的几点思考[J]. 装备指挥技术学院学报,2010(8):48-50.
[7] 王丽顺,高原. 我国国防知识产权发展现状及对策研究[J]. 中国军转民,2012(9):28-30.
[8] 王汴文,郑绍钰,李子冉. 国防知识产权生成模式研究[J]. 装备学院学报,2012(12):45-48.
[9] 付瑜. 解析国防知识产权的权能体系[J]. 军事经济学院学报,2011(5):47-49.
[10] 张晓玲. 政府资助形成的发明成果知识产权归属研究[D]. 武汉:华中科技大学,2006:67-69.
[11] 王林. 对国防知识产权归属制度的思考[J]. 国防,2007(1):61-63.
[12] 马兰. 关于国防知识产权归属与利用的思考[J]. 舰船科学技术,2007(增刊):21-25.
[13] 朱雪忠,乔永忠. 国家资助发明创造专利权归属研究[M]. 北京:法律出版社,2009:51.
[14] 陈昌柏,任自力. 国防科技工业知识产权归属与分享政策研究[J]. 科技与法律,2002(4):56-62.
[15] 曾慧,杨文斌. 国防知识产权的生成、转化与激励机制研究[J]. 军事经济研究,2009(11):17-19.
[16] 胡翊珊. 建立国防知识产权多重主体归属模式的思考[J]. 军事经济研究,2012(6):63-65.
[17] 国防知识产权局. 国防知识产权战略实施方案[R]. 北京:国防知识产权局,2011.
[18] 陶军倩,刘宝平. 装备采购中的知识产权权益归属研究[J]. 海军工程大学学报,2012(6):60-63.
[19] 王新安. 论中国航天业知识产权归属[J]. 现代商贸工业,2009(7):250-251.

[20] 马兰.浅析国防科技工业知识产权运用与产业化[J].舰船科学技术,2007(增刊):11-15.

[21] 袁晓军,李娟,杨云霞.论促进国防科技工业知识产权转化的制度系统设计[J].西北工业大学学报,2009(3):18-23.

[22] 张进乐,杨云霞.国防科技工业知识产权转化和应用的策略探析[J].湖南大学学报,2010(1):145-148.

[23] 王云.我国国防科技工业企业国防知识产权保护分析——以东方集团有限公司为例[J].西安财经学院学报,2009(11):56-59.

[24] 程然,程旭辉,王朋,等.论我国的国防专利保护制度[C]//国防工业出版社编委会.国防知识产权论文集.北京:国防工业出版社,2015:39-47.

[25] 陈伟宏,杨宏亮.试述国防专利保护工作中存在的问题及解决途径[J].海军装备,2012(12):61-62.

[26] 刘国锋,张龙军,侯玉峰.国防知识产权纠纷处理机制初探[C].国防工业出版社编委会.国防知识产权论文集.北京:国防工业出版社,2015:224-229.

[27] 梁瑞林,韩立岩,王克刚.国防科技工业集团知识产权管理模式研究[J].航空科学技术,2003(1):21.

[28] 任培民,夏恩君,邵文武.国防科技企业知识产权战略研究[J].北京理工大学学报(社会科学版),2005(5):9-12.

[29] 吴伟仁.国防科技工业知识产权实务[M].北京:知识产权出版社,2004:7-9.

[30] 袁俊.浅议军工产品知识产权管理[J].航天工业管理,2008(6):14.

[31] 梁清文,李群,孟庆贵.新形势下国防知识产权管理有关问题研究[J].中国国防经济,2009(2):32-36.

[32] 张素梅,李杏军,石根柱.加强国防知识产权管理的思考[J].科技成果管理与研究,2011(6):20-22.

[33] 员智凯.军民结合新型体制下的国防科技知识产权管理研究[J].科学管理研究,2008(6):107-110.

[34] 邵立周,陈炜然,郭文鹏.加强海军知识产权管理工作的思考[J].海军装备,2010(1):49-50.

[35] 苌军红,王春光,李红军.国防知识产权管理制度完善研究[J].中国军转民,2013(1):68-71.

[36] 诺思.经济史中的结构与变迁[M].陈郁,罗华平,译.上海:上海人民出版社,1994:26-28.

[37] 王玉海.诺斯"适应性效率"概念的内涵及其对我国制度转型的启示[C]//黄少安.制度经济学研究(第七辑).北京:经济科学出版社,2005:116.

[38] 韦森.哈耶克式自发制度生成论的博弈论诠释——评肖特的《社会制度的经济理论》[J].中国社会科学,2003(6):43-57.

[39] 卢现祥,朱巧玲.新制度经济学[M].北京:北京大学出版社,2013:346-347.

[40] 林毅夫. 关于制度变迁的经济学理论:诱致性变迁与强制性变迁[C]//科斯,等. 财产权利与制度变迁. 刘守英,译. 上海:上海三联出版社,1994:405.

[41] 袁庆明. 制度效率的决定与制度效率递减[J]. 湖南大学报,2003(1):40-43.

[42] 柯荣住. 制度分析的基本技术[C]//邹东涛. 经济中国之制度经济学与中国. 北京:中国经济出版社,2004:190-196.

[43] 柯武刚,史漫飞. 制度经济学:社会秩序与公共政策[M]. 北京:商务印书馆,2000:147-156.

[44] 高德步. 产权与增长:论法律制度的效率[M]. 北京:中国人民大学出版社,1999:44-50.

[45] 顾钰民. 马克思主义制度经济学[M]. 上海:复旦大学出版社,2005:15-19.

[46] 布坎南. 自由、市场与国家[M]. 上海:上海三联出版社,1989:258-260.

[47] Coase R H. The Nature of the Firm[J]. Economica. 1937(11):65-67.

[48] 埃瑞克·G. 菲吕博顿,鲁道夫·瑞切特. 新制度经济学:一个评价[C]//埃瑞克·G. 菲吕博顿. 鲁道夫·瑞切特. 新制度经济学. 孙经纬,译. 上海:上海财经大学出版社,1998:15-16.

[49] 埃瑞克·G. 菲吕博顿,鲁道夫·瑞切特. 新制度经济学——一个交易费用分析范式[M]. 姜建强,罗长立,译. 北京:商务印书馆,1996:44.

[50] 杨飞. 制度效率:价值目标的契合——对法律经济学的一点思考[J]. 宁夏社会科学,1998(4):77-80.

[51] Johnson B, Nielsen K. Institutions and Economic Change[J]. Books. 1998,5(2):199-203.

[52] 姚洋. 制度与效率:与诺思对话[M]. 成都:四川人民出版社,2002:98-103.

[53] 袁庆明. 制度效率的决定与制度效率递减[J]. 湖南大学学报,2003(1):40-43.

[54] 谢瑞平. 制度效率理论研究:一个一般理论框架与计量方法[C]. 北京:2011 年制度经济学年会,2011.

[55] Coase R H. The Problem of Social Cost [J]. Journal of Law and Economics, 1960(10):1-44.

[56] 约翰·克劳维根. 交易成本经济学及其超越[M]. 朱舟,黄瑞红,译. 上海:上海财经大学出版社,2002:56-58.

[57] Williamson O E. Transaction Cost Economics: The Natural Progression[J]. Journal of Retailing,2010,86(3):215-226.

[58] 诺思. 经济史中的结构与变迁[M]. 陈郁,罗华平,译. 上海:上海人民出版社,1994:18.

[59] 阿兰·斯密德. 制度与行为经济学[M]. 刘璨,吴水荣,译. 北京:中国人民大学出版社,2005:35-50.

[60] 赵德起. 中国农村土地产权制度效率的经济学分析[D]. 沈阳:辽宁大学,2008:23-27.

[61] Fisher L. Elementary principles of economics[M]. New York: Macmillan. 1923:2.

[62] 菲率博腾,配杰威齐. 产权与经济理论:近期文献的一个综述[C]//科斯,等. 财产权利与制度变迁. 刘守英,译. 上海:上海三联书店,1994:204.

[63] Walker D M. 牛津法律大辞典[M]. 北京社会与科技发展所,译. 北京:光明日报出版社,

1988:729.

[64] Cheung S N S. The Structure of a Contract and the Theory of a Non - Exclusive Resource[J]. The Journal of Law and Economics,1970,13(1):49 - 70.

[65] 巴泽尔.产权的经济分析[M].费方域,译.上海:上海三联书店,1997:2 - 16.

[66] 皮特·纽曼.新帕尔格雷夫法经济学大辞典(第三卷)[M].许明月,译.北京:法律出版社,2003:968.

[67] 德姆塞茨.关于产权的理论[C]//科斯,等.财产权利与制度变迁.刘守英,译.上海:上海三联书店,1994:97.

[68] 林建成.国防专利[M].北京:国防工业出版社,2005:9.

[69] 阿兰·鲁福斯·华特斯.经济增长与产权制度[C]//詹姆斯·A.道、史蒂夫·H.汉科,阿兰·A.瓦尔特斯.发展经济学的革命.黄祖辉,蒋文华,译.上海:上海三联书店,2000:131.

[70] 巴泽尔.产权的经济分析[M].黄祖辉,蒋文华,译.上海:上海三联书店,1994:2.

[71] 阿尔钦.产权:一个经典的注释[C]//科斯,等.财产权利与制度变迁.刘守英,译.上海:上海三联书店,上海人民出版社,2005:167.

[72] 凡勃伦.有闲阶级论[M].蔡受百,译.北京:商务印书馆,1964:139 - 140.

[73] 康芒斯.制度经济学(上册)[M].于树生,译.北京:商务印书馆,1962:86 - 92.

[74] 西奥多·W.舒尔茨.制度与人的经济价值的不断提高[C]//科斯,等.财产权利与制度变迁.刘守英,译.上海:上海人民出版社,1994:258.

[75] 柯武刚,史漫飞.制度经济学——社会秩序与公共政策[M].北京:商务印书馆,2000:32.

[76] 诺思.经济史中的结构与变迁[M].陈郁,罗华平,译.上海:上海人民出版社,1994:225 - 226.

[77] 科斯.财产权利与制度变迁[M].刘守英,译.上海:上海三联书店,1991:329.

[78] 何自力.比较制度经济学[M].天津:南开大学出版社,2003:21.

[79] 卢现祥,朱巧玲.新制度经济学[M].北京:北京大学出版社,2007:341.

[80] 诺思.制度、制度变迁与经济绩效[M].杭行,译.上海:上海三联书店,1994:5 - 7.

[81] 何自力.比较制度经济学[M].天津:南开大学出版社,2003:32.

[82] Coase R H. The Firm, the Market, and the Law[M]. Chicago: The University of Chicago Press, 1988:1

[83] Arrow K J. Uncertainty and the Welfare Economics of Medical Care: Reply (The Implication of Transaction Costs and Adjustment Lags)[J]. The American Economic Review. 1965(3):154 - 158.

[84] Arrow K J. The Organization of Economic Activity: Issues Pertinent to the Choice of Market versus Non - Market Allocation[J]. The analysis and evaluation of public expenditure: the PPB system,1969(1):59 - 73.

[85] Demsetz H. Toward a Theory of Property Rights[J]. American Economic Review,1967(5):

347 - 373.

[86] Demsetz H. The Cost of Transacting[J]. Quarterly Journal of Economics, 1968,82(1):33 - 53.

[87] 张五常. 佃农理论[M]. 北京:中信出版社,2010:210 - 256.

[88] Williamson O E. Transaction Cost Economics: How it Works; Where is it Headed[J]. De Economist 1998(4):23 - 58.

[89] Williamson O E. The New Institutional Economics: Taking Stock, Looking Ahead[J]. Economic Literature,2000,38(3):595 - 613.

[90] Matthews R. The Economics of Institutions and the Sources of Growth[J]. The Economic Journal,1986(12):903 - 910.

[91] 李怀. 制度生命周期与制度效率递减——一个从制度经济学文献中读出来的故事[J]. 管理世界,1999(3):74.

[92] 汪丁丁. 为什么边际效用递减[N]. 北京:经济学消息报,1996 - 8 - 2.

[93] 德姆塞茨. 关于产权的理论[C]//科斯,等. 财产权利与制度变迁. 刘守英,译. 上海:上海三联书店,1994:97.

[94] 德姆塞茨. 关于产权的理论[C]//科斯,等. 财产权利与制度变迁. 刘守英,译. 上海:上海三联书店,1994:98.

[95] 舒尔茨. 制度与人的经济价值的不断提高[C]//科斯,等. 财产权利与制度变迁. 刘守英,译. 上海:上海三联书店,1994:253.

[96] 柯武刚,史漫飞. 制度经济学——社会秩序与公共政策[M]. 北京:商务印书馆,2000:142 - 150.

[97] 汪丁丁. 制度创新的一般理论[J]. 经济研究,1992(5):71 - 82.

[98] 李志昌. 制度功能之哲学分析[J]. 哲学分析,2011(8):91 - 105.

[99] 何自力,等. 比较制度经济学[M]. 天津:南开大学出版社,2003:30 - 32.

[100] 张宇燕. 经济发展与制度选择——对制度的经济分析[M]. 中国人民大学出版社,1992:252 - 254.

[101] 卢现祥. 西方制度经济学[M]. 北京:中国发展出版社,1996:52 - 60.

[102] 袁庆明. 新制度经济学[M]. 北京:中国发展出版社,2005:258 - 261.

[103] 卢现祥. 西方制度经济学[M]. 北京:中国发展出版社,1996:50.

[104] 王洪涛. 制度经济学——制度及制度变迁性质解释[M]. 上海:复旦大学出版社,2003:8 - 16.

[105] 刘世锦. 经济体制效率分析导论——一个理论框架及其对中国国有企业体制改革问题的应用研究[M]. 上海:上海三联书店,上海人民出版社,1994:23 - 45.

[106] Amoroso L. Vilfredo Pareto[J]. Econometrica,1938,6(1):1 - 21.

[107] 李萍,马曙辉,王蒙. 国防知识产权推广转化平台构建研究[J]. 国防科技工业,2013(9):28.

[108] 张冬,王茗薇. 我国国防专利商业机制建设的问题与对策[J]. 国防科技工业,2016

(8):52.

[109] 纪建强,安家康. 军工企业国防知识产权转民问题研究[J]. 军民两用技术与产品,2013(12):44.

[110] 刘昕宇,张雅丁,张镭. 中美国防知识产权转化比较[C]//国防工业出版社编委会. 国防知识产权论文集. 北京:国防工业出版社,2015:414.

[111] 张近东,杨云霞. 国防科技工业知识产权转化和应用的策略探析[J]. 湖南大学学报(社会科学版),2010(1):146.

[112] 王丽顺. 我国国防知识产权发展现状及对策研究[J]. 中国军转民,2012(9):30.

[113] 李伯亭,赵蓉,王艺霖. 关于推进国防知识产权在民用领域运用的思考[J]. 中国军转民,2013(3):17.

[114] 王双义,张青,何波,等. "国防专利转化"的辨析与思考[C]//国防工业出版社编委会. 国防知识产权论文集. 北京:国防工业出版社,2015:296.

[115] 安丽,王卫军,杨春颖,等. 国防专利质量评价体系研究[C]//国防工业出版社编委会. 国防知识产权论文集. 北京:国防工业出版社,2015:30 - 38.

[116] 肖进. 谈国防专利的实施付费问题[C]//国防工业出版社编委会. 国防知识产权论文集. 北京:国防工业出版社,2015:91 - 93.

[117] Demsetz H. Toward a Theory of Property Rights[J]. American Economic Review,1967,57(2):347 - 359.

[118] Shavell S. Foundation of Economic Analysis of Law[J]. Belknap Press of Harvard University Press. 2004,73(4):9 - 11.

[119] Goldstein P. Copyright,patent,trademark,and related state doctrines:Cases and Materials on the Law of Intellectual Property[M]. NewYork:Foundation Press,1990:6.

[120] 沃克. 牛津法律大辞典[M]. 北京社会与科技发展研究所,译. 北京:光明日报出版社,1998:729.

[121] 王凌红. 专利法学[M]. 北京:北京大学出版社,2007:1.

[122] 刘庆林. 产权明晰度与产出关系的经济学分析[J]. 南开经济研究,2004(1):84 - 85.

[123] 付瑜,揭力勤,王语. 美国国防知识产权权利归属政策及借鉴[J]. 军事经济研究,2012(4):75 - 77.

[124] 曾祥炎,林木西. 试论产权激励的两个层面[J]. 经济与管理,2009(3):19.

[125] 沈开举. 行政补偿法研究[M]. 北京:法律出版社,2004:69.

[126] 王俊彦. 职务发明人权利保护的问题分析[J]. 长春工业大学学报(社会科学版),2013(11):72.

[127] 朱雪忠,乔永忠. 国家资助发明创造专利权归属研究[M]. 北京:法律出版社,2009:120 - 121.

[128] 杜菲. 职务发明人获得报酬权研究[D]. 长沙:中南大学,2013:15 - 17.

[129] 张晓玲. 政府资助形成的发明成果知识产权归属[D]. 华中科技大学,2006:96.

[130] 中国专利代理(香港)有限公司法律部. 职务发明人奖励报酬制度及其执行[J]. 中国

专利与商标,2011(1):12 - 13.

[131] 陈震. 技术许可中职务发明人权益的保护研究——兼析职务发明人的优先受让权[J]. 电子知识产权,2007(1):30 - 33.

[132] 夏勇. 人权概念起源[M]. 北京:中国政法大学出版社,2001:41.

[133] 罗斯科·庞德. 通过法律的社会控制——法律的任务[M]. 沈宗灵,董世忠,译. 北京:商务印书馆,1984:89.

[134] 冯晓青. 知识产权法利益平衡理论[M]. 北京:中国政法大学出版社,2006:11 - 12.

[135] 尤士丁尼. 法学阶梯[M]. 徐国栋,译. 北京:中国政法大学出版社,2005:181 - 182.

[136] 王先林,等. 知识产权滥用及其法律规制[M]. 北京:中国法制出版社,2008:7.

[137] 贾无志,吴希. 国家科技计划成果之政府介入权初探[J]. 中国基础科学,2014(3):27 - 34.

[138] 孙成. 政府资助项目专利权归属中的政府介入权研究[D]. 广州:华南理工大学,2014:20 - 25.

[139] 庞璐. 浅析现有专利侵权赔偿制度的合理性[C]. 北京:2013 年中华全国专利代理人协会年会暨第四届知识产权论坛,2013.

[140] 柯武刚,史漫飞. 制度经济学:社会秩序与公共政策[M]. 商务印书社,2000:142.

[141] 柯武刚,史漫飞. 制度经济学:社会秩序与公共政策[M]. 商务印书社,2000:143.

[142] 付舒. 社会养老保险制度风险表征及其化解策略[J]. 重庆社会科学,2014(6):17.

[143] 哈耶克. 致命的自负[M]. 冯克利,胡晋华,译. 北京:中国社会科学出版社,2000:7 - 8.

[144] 周旺生. 立法学[M]. 北京:法律出版社,2009:375.

[145] 吉尔斯. 地方性知识:实施与法律的比较透视[C]. 邓正来,译. 梁治平. 法律的文化解释. 北京:三联书店,1994:232.

[146] 吴秋菊. 立法技术探讨[J]. 现代法学,2004(4):91.

[147] 沈冰洁. 坚持科学立法民主立法,切实提高军事立法质量[J]. 政工导刊,2014(11):26 - 27.

[148] 饶旭鹏,刘海霞. 非正式制度与制度绩效[J]. 西南大学学报(社会科学版),2012(3):15 - 17.

[149] 庞德. 通过法律的社会控制:法律的任务[M]. 沈宗灵,董世忠,译. 北京:商务印书社,2005:35.

[150] 卓泽渊. 法的价值论[M]. 北京:法律出版社,2006:7.

[151] 张文显. 法哲学范畴研究[M]. 北京:中国政法大学出版社,2003:192.

[152] 博登海默. 法理学——法哲学及其方法[M]. 邓正来,译. 北京:中国政法大学出版社,2004:317.

[153] 安丽,王卫军,杨春颖,等. 国防专利质量评价体系研究[C]//国防工业出版社编委会. 国防知识产权论文集. 北京:国防工业出版社,2015:30 - 33.

[154] 詹映,张弘. 我国知识产权侵权司法判例实证研究——以维权成本和侵权代价为中心[J]. 科研管理,2015(7):152.

内 容 简 介

本书是一本系统研究国防专利产权制度效率的理论著作，以军民融合深度发展和创新驱动战略实施为时代背景，紧密结合国防专利产权制度的运行与实施情况，选择制度功能为分析视角，构建了“配置-激励-约束-保险”的制度效率分析框架，在此基础上分别对国防专利产权制度的配置效率、激励效率、约束效率和保险效率进行深入研究。通过分析每一种功能效率的影响因素、效率损失的现实表现以及功能效率的优化策略，提出国防专利产权制度效率提升的实现路径，为国防专利产权制度的创新与完善提供理论参考和实践指导。

本书可供政府相关管理部门、军队装备与后勤机关及相关部门、军工集团企业以及科研院所和高等院校等从事相关工作的研究人员和管理人员参考使用。